Peter Badenhop
Wein zum Essen

Peter Badenhop

Wein zum Essen

SOCIETÄTS
VERLAG

Satz: Nicole Ehrlich, Societäts-Verlag
Umschlaggestaltung: Nicole Ehrlich, Societäts-Verlag
Umschlagabbildung: © Grecaud Paul – Fotolia.com
Abbildung Seite 3: © VRD – Fotolia.com
Druck und Verarbeitung: CPI – Ebner & Spiegel, Ulm
Printed in Germany 2014

ISBN 978-3-95542-073-4

Inhalt

Die Kombinationen

Kurze Einführung:

Warum Wein?

„Was trinken wir heute?“ – Seit ich mich mit dem Thema Wein beschäftige, steht diese Frage im Raum. Nicht jeden Tag und zu jeder Gelegenheit, aber an vielen Abenden, wenn das Essen auf den Tisch kommt und das Weinglas darauf wartet, gefüllt zu werden. Welcher Tropfen passt zum Rucola-Salat, welcher zur Muschelsuppe? Welchen Wein sollten wir zur Pizza öffnen, welchen zum Kalbsrücken? Und was gönnen wir uns zur Apfeltarte oder zum Tiramisu?

Man kann Wein auch solo genießen, seine wahre Bestimmung aber findet er als Essensbegleiter. Stellt sich nur die Frage, welchen Tropfen aus der unendlich vielfältigen Welt der Weine man wählen soll. Wer nicht gerade als ausgebildeter Sommelier durchs Leben geht, der kann daran verzweifeln. Und darum habe ich mir immer wieder ein einfaches und doch anspruchsvolles Buch gewünscht, das mir bei dieser Wahl hilft. Ein Buch, das schnell und unkompliziert Auskunft über die besten Kombinationen gibt. Eines das trotz seiner schlichten Struktur und Verständlichkeit ein Niveau hält, das auch Fortgeschrittenen hilft. Eines, das griffbereit im Regal steht oder auf dem Küchentisch liegt und auch beim Einkauf schnell zur Hand ist.

So habe ich dieses kleine Nachschlagewerk mit mehr als 800 Kombinationen von Speisen und Weinen zusammengetragen. Es stellt in 13 Kategorien – vom Aperitif bis zum

Dessert – exemplarische Gerichte und die dazu passenden Tropfen vor. Zu jeder Speise gibt es eine kurze Charakterisierung, eine präzise Wein-Empfehlung und drei mögliche Alternativen (beim Käse und den Desserts nur je eine), die mit Rebsorte, Anbaugebiet und Weinland genannt werden. Und natürlich eine Erklärung, warum ausgerechnet diese Weine in Frage kommen, andere dagegen eher nicht. Dabei geht es nicht um Spitzentropfen zu Spitzenpreisen, sondern um Weine, die sich jeder leisten kann.

Natürlich ist dabei nicht immer alles Wein. Zu manchen Gerichten schmeckt einfach ein kühles Pils besser. Oder ein Guinness. Manchmal auch Wodka oder Campari. Für die meisten Speisen aber lässt sich ein passender Wein finden – und mit ein bisschen Mut und Phantasie ergeben sich dabei viele ungewöhnliche, interessante und vor allem sehr genussvolle Paarungen.

Mein Dank gilt Patrik Kimpel, Jürgen Mathäß und Ankie Badenhop, die mir zahllose wertvolle Hinweise und Anregungen gegeben haben.

Peter Badenhop

Zehn Tipps zum Wein

Wein kaufen

Wein gibt es überall. Die meisten Supermärkte sehen heutzutage aus wie gut sortierte Fachhändler vor 30 Jahren und bieten Weine aus aller Welt, aus Deutschland, Italien, Frankreich, Spanien, Südafrika, Australien, Chile – das Angebot ist riesig. Und doch stehen überall die gleichen Tropfen in den Regalen. Denn wer im Supermarkt präsent sein will, der muss in der Regel große Mengen liefern. Und das können nur große Produzenten mit ihren massenkompatiblen Weinen. Winzer mit individuellen Gewächsen sind praktisch chancenlos.

Wenn Sie interessante, charaktervolle Weine suchen, dann bleibt Ihnen nichts anderes übrig, als zum Experten Ihres Vertrauens zu gehen – ob im Wortsinne oder virtuell. Und da ist ein Besuch beim Winzer immer das Beste. Nicht, weil das besonders günstig wäre – ist es nämlich oft gar nicht. Auch nicht, weil man das Sortiment dort probieren kann – das kann man in vielen Fachgeschäften inzwischen nämlich auch. Nein, Sie sollten den Wein an der Quelle kaufen, weil ein seriöser Winzer stets mit offenen Karten spielt: Er hat gar kein Interesse daran, für einen kleinen, kurzfristigen Profit Wein an den Kunden zu bringen, den dieser womöglich gar nicht mag. Winzer leben von langfristigen Geschäftsbeziehungen und von der Qualität ihrer Produkte. Das gilt für gute Fachhändler und Versender übrigens auch.

Drei einfache Grundsätze sollten Sie beim Weinkauf beherzigen:

1. Lassen Sie sich beraten!

Je mehr man über Wein weiß, desto selbstständiger kann man einkaufen. Aber selbst dann ist vom Händler oder Winzer noch viel Neues zu erfahren.

2. Probieren Sie!

Wann immer möglich, sollte man Wein testen, bevor man ihn kauft. Und wer am frühen Morgen noch nicht in Stimmung für einen Schluck Wein im Laden ist, der kauft am besten erst einmal eine Flasche zur Probe – wenn die sich am Abend bewährt, kann man später für Nachschub sorgen.

3. Vergleichen Sie die Preise!

Die Zahl der Weinhändler und Weinversender ist sehr groß, und durch das Internet ist der Markt ungeheuer transparent und Vergleichen sehr leicht geworden – es lohnt sich.

Und noch eins: Hände weg von Drogeriemärkten, Tankstellen, Heimwerkermärkten und Discountern! Dort gibt es alles mögliche, nur keinen anständigen Wein.

Wein lagern

Wer ein richtiger Weinkenner werden will, der sollte sich als erstes einen anständigen Weinkeller zulegen. Das klingt logisch, ist aber dummes Zeug. Denn die meisten heute produzierten Weine sollten wegen ihrer Fruchtigkeit und Frische jung getrunken werden, also in den ersten drei Jahren nach der Abfüllung. Die Weißen sowieso. Selbst bei den Roten sind es kaum zehn Prozent der Tropfen, die mit den Jahren besser werden, und nur ein Bruchteil überdauert tatsächlich Jahrzehnte. Der Glaube an die wundersame Wirkung der Zeit auf den Wein hält sich trotzdem hartnäckig, und so wird fleißig eingelagert – mit der Folge, dass viele gute Tropfen viel zu spät getrunken werden.

Viele Weinhändler und Versender geben inzwischen an ihren Regalen und in ihren Katalogen Hinweise auf die Trinkreife ihrer Weine. Das ist eine gute Entscheidungshilfe bei der Frage, ob es sich überhaupt lohnt, den einen oder anderen Tropfen Zuhause in den Keller zu legen. Am besten weiß aber der Winzer, wann man seinen Wein trinken sollte. Grundsätzlich eignen sich zur längeren Lagerung in erster Linie hochwertige Weine: große Rieslinge, in Barrique-Fässern ausgebaute, weiße Burgunder, Rotweine im Bordeaux-Stil und Tropfen aus den Trauben Spätburgunder, Nebbiolo und Shiraz, außerdem fast alle edelsüßen Weine.

Wenn Sie nicht viel Geld für solche gereiften Weine ausgeben wollen, dann können Sie sich ohne größere Anstrengung einen Vorrat anlegen. Der Weg zum eigenen Weinkeller ist unkomplizierter, als oft angenommen. Ein paar Grundsätze sollten Sie allerdings berücksichtigen:

1. Flaschen mit Korken müssen immer liegen, sonst trocknen die Korken aus, werden undicht und lassen den Wein mit Sauerstoff in Kontakt kommen.

2. Die Temperatur sollte möglichst stabil sein – große Schwankungen setzen jedem Wein zu. Die eigentliche Lagertemperatur ist zweitrangig, idealerweise liegt sie zwischen 10 und 15 Grad. Aber auch Werte bis 20 Grad schaden dem Wein nicht, solange die Temperatur nicht ständig stark schwankt.

3. Der Raum, in dem die Flaschen liegen, muss dunkel sein – starkes Licht beeinträchtigt die Entwicklung des Weins.

4. Die Luft im Weinkeller darf nicht zu trocken sein – je höher die Luftfeuchtigkeit, desto besser für die Korken.

5. Extreme Fremdgerüche und ständige Erschütterungen sollten ebenfalls vermieden werden. Auch sie können negativen Einfluss auf die Entwicklung des Weins haben.

Wein servieren

Wein ist im Grunde ein ganz und gar unkompliziertes Genussmittel. Außer einem Glas und einem Korkenzieher ist praktisch kein Zubehör nötig – abgesehen vielleicht von einem Kühlschrank, mit dem man die Tropfen auf die richtige Temperatur bringen kann. Alle anderen Gerätschaften und Hilfsmittel wie Kapselschneider, Weinthermometer, Ausgießtüllen, Karaffen, Vakuumpumpen oder Kühlmanschetten sind im Einzelfall vielleicht hilfreich, eigentlich aber überflüssig. Deutlich wichtiger ist die Wahl des Glases. Am besten kommt der Wein in schlichten Kristallgläsern zur Geltung. Die Größe spielt dabei zwar keine entscheidende Rolle, allerdings werden vor allem Rotweine traditionell aus mächtigeren Gebinden getrunken. Denn es ist unbestritten, dass volle, üppige Weine ihren Duft in einem großen Glas besser entfalten können.

Von entscheidender Bedeutung ist die Serviertemperatur. Eine der irreführendsten Faustregeln empfiehlt für Rotweine die „Zimmertemperatur" – ein Grundsatz, der aus einer Zeit stammt, als die Esszimmer in der Regel deutlich kühler waren als heutzutage. Das hat zur Folge, dass viele Rotweine heute mit 20 und mehr Grad serviert werden und wie warme Marmelade über die Zunge laufen. Wärmer als 18 Grad sollte ein Rotwein nie sein, mit 15 bis 16 Grad kommen die meisten am besten zurecht, leichte Vertreter können aber auch noch zwei oder drei Grad kühler sein. Bei Weißweinen wird oft der umgekehrte Fehler gemacht: Sie werden zu kühl getrunken. Im Sommer auf der Terrasse mag das erfrischend sein, im Normalfall verliert ein Wein, der kälter als 6 Grad ist, jedoch seinen Duft und seine Ausstrahlung. Ein guter Richtwert ist die 10-Grad-Marke, schwere, gehaltvolle Weißweine vertragen aber auch gut ein oder zwei Grad mehr.

Großer Wert wird in den meisten Lehrbüchern zum Thema Wein auch auf die Trinkfolge bei Tisch gelegt. Die klassischen Regeln, in welcher Reihenfolge weiße, rote, trockene und süße Weine am besten zu trinken sind, haben dabei zwar eine gewisse Berechtigung, im Kern muss es aber stets vor allem darum gehen, ob ein Wein zu einem Gericht passt oder nicht. Das alte Postulat „weiß vor rot" bedeutet nämlich in Wirklichkeit „leicht vor schwer"

– mit der Farbe des Weines muss das aber nichts zu tun haben. Ein leichter Rotwein zu einem Zwischengang schmälert in keiner Weise die Wirkung eines gehaltvollen Weißweins einen Gang später. Auch die Regel, junge vor alten Weinen zu trinken, hat eigentlich mehr mit dem Gehalt und der Komplexität der Weine zu tun und ist oft dem Ansinnen geschuldet, das Beste nicht gleich zu Beginn zu servieren. Entscheidend ist aber auch hier eigentlich nur, dass die Weine mit den jeweiligen Speisen korrespondieren – was selbst die Regel „trocken vor süß" gegebenenfalls außer Kraft setzt: Eine Vorspeise mit Gänseleber etwa verlangt nach einem restsüßen Begleiter. Solange Sie ihn in moderaten Mengen genießen und anschließend eine kleine Pause mit einigen Schlucken Wasser einlegen, wird auch eine Auslese zur Vorspeise die weitere Weinfolge nicht stören.

Wein genießen

Wenn beim Kochen das Motto „Das Auge isst mit" gilt, dann beim Wein umso mehr der Grundsatz „Die Nase trinkt mit". Ohne das Geruchsorgan geht beim Genuss von Rebensaft so gut wie gar nichts. Das lange Schnuppern und „ins Glas hinein riechen", das man bei vielen Weinliebhabern und Fachleuten beobachten kann, kommt nicht von ungefähr. Inzwischen ist wissenschaftlich belegt, dass das, was gemeinhin als Geschmack bezeichnet wird, tatsächlich eine Mischung aus Sinneseindrücken von Nase und Mund ist. In erster Linie liegt das daran, dass die Sinneszellen in unserem Geruchsorgan deutlich empfindlicher sind als jene auf der Zunge und am Gaumen. Entsprechend spielen die Eindrücke, die von den flüchtigen Bestandteilen des Weines ausgehen, für den Geschmack eine zumindest ebenso wichtige Rolle wie jene, die die festen und flüssigen Bestandteile liefern. Die Probe aufs Exempel ist schnell gemacht: Trinken Sie einmal Wein mit zugehaltener Nase! Das ist nicht nur unbequem, sondern genussfeindlich: Der Wein wirkt plötzlich eindimensional und flach. Vor dem ersten Schluck, sollte deshalb immer erst die Nase zu ihrem Recht kommen.

Gar nicht so leicht ist es, sich an die beim Riechen und Schmecken gewonnenen Eindrücke später wieder zu erinnern. Selbst Profis – Sommeliers, Fachhändler, Weinkritiker und Winzer – brauchen lange Jahre der Erfahrung, bis sie diese Kunst beherrschen. Und auch dann sind sie nicht selten auf Notizen angewiesen, schließlich ist die Welt der Weine unendlich groß und unübersichtlich. Aber auch für „Normaltrinker“ können ein paar niedergeschriebene Eindrücke mitunter Wunder wirken. Sie müssen es als interessierter Laie ja nicht so weit treiben wie Michael Broadbent: Der Grand Seigneur der internationalen Weindegustation, der viele Jahrzehnte lang die Weinabteilung des Londoner Auktionshauses Christie‘s geleitet hat, trägt Zeit seines Weinlebens ein kleines rotes Büchlein bei sich. Darin hält er alles fest, was ihm zu jedem Schluck Wein, den er trinkt, einfällt. Mehr als 130 seiner berühmten Verkostungsbüchlein hat er bisher mit mehr als 85.000 Einträgen gefüllt. In solche Dimensionen stößt der durchschnittliche Weintrinker natürlich nicht vor. Aber ein kleines Notizheft, in dem Sie Namen, Eindrücke und sonstige Informationen festhalten, kann ausgesprochen hilfreich sein. Wie schnell ist der Name eines bisher unbekannten Weines vergessen? Wie leicht gerät das dazu servierte Gericht in Vergessenheit? Ein paar Worte im Heftchen genügen, um diese Informationen zu konservieren – und später wieder nutzen zu können. Der Aufwand ist nicht groß, aber er lohnt sich.

Weinfehler

„Der Wein hat Korken“ – ein Horror für jeden Genießer und mit Abstand der häufigste Weinfehler. Schuld ist die Chemikalie Trichloranisol, kurz TCA. Sie ist bakteriellen Ursprungs, befällt den Korken und verdirbt den Wein mit einem muffig-modrigen Schimmelton und -geschmack. Bis zu 10 Prozent aller mit Kork verschlossenen Weine sind davon betroffen – auch die teuersten. Kunststoff-Korken, Schraubverschlüsse, Glasstopfen und selbst der wenig attraktive Kronkorken werden deshalb bei Weinproduzenten und Weintrinkern immer beliebter. Oft ist Kork mit der Nase leicht auszumachen, mitunter weist schon der Geruch des Korkens selbst auf den verdorbenen Inhalt der Flasche hin. Ebenso häufig aber versteckt sich dieser Fehler und ist nur als dumpfer, matter Unterton wahrnehmbar. Wer einen Verdacht hegt und sich nicht ganz sicher ist, sollte den Wein im Glas ein wenig stehen lassen – meist verstärkt sich der Korkgeruch, wenn der Wein in Kontakt mit Luft kommt. Zu retten sind korkige Weine oder solche mit einem Essigstich nicht, selbst als Basis von Saucen verströmen sie ihren unangenehmen Geruch und Geschmack. Da gibt es nur eins: Ab in den Ausguss!

Etwas anders stellt sich die Sache bei Schwefel dar. Diese Substanz wird bei der Weinbereitung zur Desinfektion genutzt und ist praktisch allen Weinen beigefügt. Hat ein Wein zuviel Schwefel abbekommen und riecht wie ein abgebranntes Streichholz, lässt sich dieser Fehlgeruch manchmal durch Dekantieren, das Umfüllen in eine große Karaffe, oder durch Schwenken im Glas beheben. Bleibt die Schwefelnase, hilft allerdings wiederum nur eins: Weggießen!

Weinstein dagegen ist vollkommen harmlos und kein Fehler. Mancher unbedarfte Weintrinker mag die farblosen Kristalle am Boden eines Glases mit Weißwein oder den dunkelroten, fast schwarzen Niederschlag in einer Flasche Rotwein für Zuckerablagerungen oder gar Schmutz halten, tatsächlich ist dieser Weinstein aber eher ein Ausweis dafür, dass der Wein nicht mit allerlei Methoden nachbehandelt, sondern seinem natürlichen Reifeprozess überlassen wurde. Weinstein ist die Ablagerung der Substanz Kaliumtartrat in farblosen oder durch die Pigmente im Rotwein eingefärbten Kristallen. Gute Weine bauen über diese Ablagerungen überschüssige Säure ab. So störend das optisch auch ist, die Qualität des Weins beeinträchtigt es nicht. Wenn Weinstein versehentlich in den Mund gelangt, kann er allerdings sehr unangenehm sein, und deshalb ist schon vor Generationen die Praxis des Dekantierens entstanden: Anders als heute diente diese Technik traditionell weniger zur Belüftung der Weine, als vielmehr dazu, den Flascheninhalt vorsichtig vom Weinstein zu trennen.

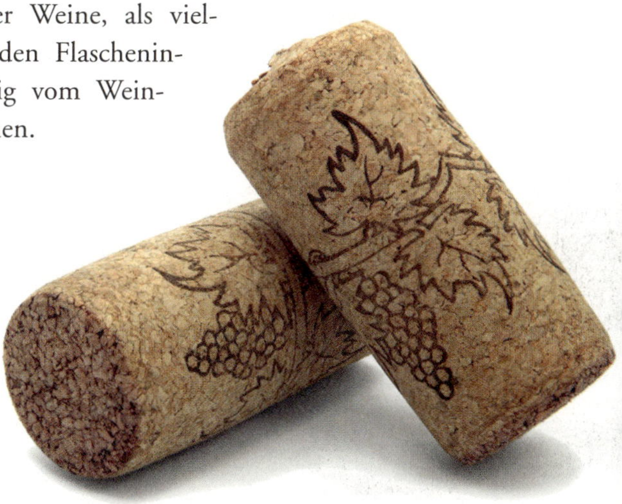

Weinreste

Keine Flasche Wein muss mit Gewalt ausgetrunken werden. Die meisten Tropfen guter Qualität – insbesondere junge – können Sie im Kühlschrank problemlos einige Tage lang aufbewahren. Sowohl Weiße als auch Rote verlieren dabei weder ihren Geschmack noch ihre Struktur. Wichtig ist allerdings, dass die Flasche, um den Kontakt des Weins mit Luft zu minimieren, gut verschlossen ist – und dass auf diese Weise gelagerte Rotweine etwa eine Stunde vor dem Servieren am nächsten oder übernächsten Tag aus dem Kühlschrank genommen werden, damit sie nicht zu kalt ins Glas kommen.

Zum Verschließen einer angefangenen Bouteille können Sie selbstverständlich den ursprünglichen Korken verwenden. Doch Vorsicht: Ist er beschädigt, zerbröselt oder verdreht, sollten Sie zu einem anderen Verschluss greifen, damit keine Korkreste in den Wein fallen. Im Fachhandel werden Verschlüsse aller Art angeboten – und diverse Utensilien, mit deren Hilfe der schädliche Sauerstoff aus der Flasche gepumpt werden kann. Diese Vakuumier-Geräte sind nichts als Geldverschwendung. Eine bessere – und günstigere – Methode, um Weinreste für mehr als ein paar Tage zu lagern, ist das Umfüllen in kleine Flaschen. Auch die müssen anschließend

in den Kühlschrank, sie bieten aber den Vorteil, dass der Wein in ihnen mit viel weniger Luft in Berührung kommt als in großen, angebrochenen Flaschen. Wenn Sie nicht extra ein paar kleine Gebinde (am besten mit Schraubverschluss) auf Vorrat kaufen wollen, können Sie zum Beispiel die Kleinflaschen aus dem Flugzeug oder geleerte Süßweinflaschen nutzen.

Apropos Süßwein: Er hat den unschätzbaren Vorteil, dass er sich auch in geöffnetem Zustand mitunter über Monate im Kühlschrank hält, ohne an Qualität einzubüßen. Das gilt besonders für Weine, die in gewissem Maße ohnehin schon oxidiert sind, wie etwa Olorosso-Sherry und Madeira.

Im Gegensatz zu den meisten anderen Weinen hält sich eine angebrochene Flasche Sekt oder Champagner nicht lange. Das Verschwinden des Prickelns können Sie zwar durch Kühlung und einen luftdichten Verschluss verzögern. Spätestens nach zwei Tagen im Kühlschrank sollte der Rest aber doch den Weg ins Glas finden – sonst bereitet er kein Vergnügen mehr.

Wein zum Kochen

Ein paar Tropfen Wein veredeln fast jedes Gericht. Vor allem Soßen können ihr Potential meistens erst dann richtig ausspielen, wenn sie wenigstens mit einem Schuss Rebensaft abgeschmeckt werden. Und manche Schmorrgerichte, wie zum Beispiel der klassische Coq au Vin, sind ohne Wein gar nicht vorstellbar. Kein Wunder also, dass Riesling und Burgunder nicht nur am Tisch, sondern auch in der Küche schon immer einen festen Platz hatten. Traditionell sind wegen ihrer besonders intensiven Aromen und ihres hohen Alkoholgehalts Sherry, Portwein, Madeira und Marsala als Kochweine sehr beliebt: Beim langsamen Reduzieren verduftet der Alkohol und setzt eine markante Süße und kräftige Würze frei. Doch welcher Wein ist der richtige zum Kochen? Und wie wählt man ihn aus?

Manche Köche behaupten, für eine erstklassige Rotwein-Sauce sei nichts anderes als ein ebenfalls erstklassiger Wein tragbar. Der britische Wein-Kritiker Hugh Johnson geht soweit, für den Coq au Vin tatsächlich „eine Flasche Chambertin im Gericht und zwei auf dem Tisch" zu fordern. Den meisten dürfte der berühmte Burgunder allerdings schon wegen seines Preises zum Verkochen zu schade sein, und kaum jemand wird ernsthaft für eine Soße auf Barolo-Basis den teuersten Tropfen aus dem Keller holen oder für eine Rieslingsekt-Sauce den besten Winzersekt aufmachen. Solche Übertreibungen sind gar nicht nötig. Für die meisten Gerichte brauchen Sie ohnehin nur ein paar Tropfen Wein, zum Ablöschen, zum Abschmecken oder zum Verfeinern. Dafür ist der Wein, der dazu später bei Tisch ausgeschenkt werden soll, schon deshalb ideal, weil sich seine Aromen dann nicht nur im Glas, sondern auch auf dem Teller wiederfinden.

Ist für ein Gericht mehr als nur ein Spritzer Wein von Nöten, etwa für eine konzentrierte Soße oder zum Schmoren, dann muss eine eigene Flasche her – ein Spitzengewächs sollte das aber wirklich nicht sein. Schließlich wird der Rebensaft normalerweise so stark reduziert, dass vor allem Farbe und Säure übrigbleiben, aber wenig vom Eigengeschmack. Allerdings: Aus einem miserablen Trinkwein wird niemals ein akzeptabler Kochwein. Qualität zeigt sich nicht nur im Glas, sondern auch im Topf. Und deshalb muss es für eine Burgunder-Sauce zwar kein Chambertin sein, wohl aber ein gehaltvoller Pinot Noir, und für eine Riesling-Sauce ein günstiger, aber sauberer Gutsriesling – weder Billigtropfen noch Spitzengewächs.

In einem normalen Haushalt können übrigens auch die Weinreste der vergangenen Tage ohne schlechtes Gewissen den Weg an den Herd finden. Nur sollten Sie sie zuvor ebenso pfleglich behandeln und vor allem kühlen, wie jene Tropfen, die noch getrunken werden sollen. Oxidierte oder abgestandene Weine machen nämlich auch im Essen keinen Spaß. Und fehlerhafte Weine haben in der Küche natürlich schon gar nichts zu suchen. Tropfen mit Korkgeschmack, Essigstich oder Mufftönen gehören in den Ausguß, nicht in den Kochtopf.

Wein zum Feiern

Sekt statt Selters! Egal, ob Sie eine ausgelassene Party, ein rauschendes Fest oder eine stilvolle Feier planen – Prosecco, Sekt oder Champagner gehören unbedingt dazu. Aber bitte keine Discounter-Ware! Das Geld, dass Sie bei deren Kauf sparen, müssen Sie am nächsten Morgen für Kopfschmerztabletten hinblättern. Günstige Winzersekte und Marken-Schaumweine von anständiger Qualität gibt es bei jedem Weinhändler, und statt teurem Champagner kann man auch guten Gewissens einen Crémant oder einen spanischen Cava besorgen. Das Gleiche gilt für die Weine für eine Feier:

1. Kaufen Sie keine Billig-Plörre! Aber reißen Sie auch nicht ihren besten Barolo oder Bordeaux auf. Das lohnt sich nicht und wird Ihnen eher als Angeberei ausgelegt. Den meisten Ihrer Gäste wird es ohnehin egal sein, was Sie servieren, solange es ihnen schmeckt. Bereiten Sie Ihnen ein unkompliziertes Vergnügen. Je größer die Runde, desto unwahrscheinlicher ist es, dass die Zahl der Weinkenner oder Weinliebhaber, die Wert auf Spitzentropfen legen, besonders groß ist. Und je bodenständiger das Ambiente, desto einfacher sollten auch die Weine sein – eine Kellerfete mit Tanz und Gedränge ist schließlich etwas anderes als eine schicke Gartenparty, bei der die Gäste sich an Stehtischen versammeln oder durch den Garten flanieren.

2. Halten Sie die Auswahl klein! Ein ordentlicher, spritziger Sekt, ein anständiger, zugänglicher Weißwein und ein einfacher, nicht zu schwerer Rotwein sollten ausreichen. Nicht zuviel Säure bei den Weißen, nicht zuviel Tannine bei den Roten. Spritzig-fruchtige Weißweine sind gute Begleiter jeder Party, und leichte Rote trinken sich auch ohne Speisen angenehm. Dabei sollten Sie auch auf den Alkoholgehalt der Weine achten: Nach Möglichkeit sollten Ihre Gäste nicht schon nach einem Glas fahruntüchtig sein.

3. Sorgen Sie für gute Kühlung und ausreichende Reserven! Nichts ist bei einer Party schlimmer als warmer, abgestandener Sekt oder Wein. Und nichts zerstört die Stimmung nachhaltiger als Getränkeknappheit. Kaufen Sie lieber ein paar Flaschen mehr, sonst müssen Sie am Ende noch Ihren Weinkeller mit den besten Tropfen plündern.

Und noch eins: Denken Sie auch an Alternativen zu Sekt und Wein. Viele Leute trinken bei Feiern am liebsten Bier. Und auch für Wasser und andere alkoholfreie Getränke sollte gesorgt sein. Nicht nur für die Autofahrer, sondern auch für die anderen Gäste – schließlich wollen Sie ja kein Besäufnis veranstalten.

Wein im Alltag

Kein Mittagessen ohne ein Gläschen, kein Abendessen ohne eine Flasche Wein – anders als hierzulande ist Wein in Italien, Frankreich oder Spanien Teil der Alltagskultur, praktisch zu jeder Mahlzeit kommt dort ein leicht zugänglicher Trinkwein auf den Tisch. Doch wer täglich Wein trinkt, sollte vor allem eins: Maß halten. In jeder Hinsicht.

1. Keine großen Gewächse! Besonders teure oder komplizierte Weine, an die man sich erst „herantrinken" muss, sind für den täglichen Genuss ungeeignet. Sie legen als Hintergrundmusik zum geselligen Beisammensein schließlich auch keine anspruchsvollen Arien oder sperrigen Free-Jazz auf, sondern eher „Easy Listening". Wenn Sie nicht gerade im Geld schwimmen, sollten sie sich die Granaten für besondere Anlässe aufsparen.

2. Achtung Alkohol! Wenn Sie tagsüber Wein trinken, sollten Sie leichte Tropfen mit einem geringen Alkoholgehalt wählen. Zwar ist man am Mittag oder am Nachmittag mitunter wacher und aufmerksamer und kann besser schmecken und riechen, weil die Sinne noch nicht ermüdet sind. Mit zuviel Alkohol im Blut ist der Rest des Tages aber schneller gelaufen, als Ihnen lieb ist.

3. Niemals Schorle! Das Verdünnen von Weinen mit Mineralwasser ist eine Unsitte, die verboten gehört. Bevor Sie sich dazu herablassen, trinken Sie lieber gar keinen Rebensaft – oder nur ein kleines Glas, statt zwei oder drei.

Wein im Restaurant

Ein Restaurantbesuch kann teuer werden – vor allem, wenn Wein im Spiel ist. Denn noch immer gilt die Faustregel, dass die meisten Gastwirte in erster Linie an den Getränken verdienen. Und noch immer gibt es leider viele, die vor allem bei den Weinpreisen ungeniert zuschlagen. Mindestens das Doppelte, wenn nicht das Drei- oder sogar Vierfache dessen, was im Handel verlangt wird, müssen Sie in den meisten Lokalen für eine Flasche hinblättern. Und bei den offen ausgeschenkten Tropfen ist das Verhältnis oft noch schlechter. Wenn Sie sich nicht ruinieren wollen oder zufällig Millionär sind, dann sollten Sie deshalb dem Grundsatz treu bleiben: Es muss nicht immer der teuerste Wein sein – schon gar nicht im Restaurant.

- Ausgesprochen hilfreich ist es, wenn Sie vor der Bestellung das eigene Budget abstecken. Egal, ob Sie die Hilfe des Oberkellners oder eines – möglicherweise vorhandenen – Sommeliers in Anspruch nehmen oder selbst einen passenden Tropfen aussuchen: Sie sollten vorher wissen, was Sie ausgeben wollen. Das erleichtert die Auswahl ungemein.

- Genieren Sie sich nicht, den preisgünstigsten Wein zu bestellen oder den Sommelier danach zu fragen. Wäre das ein Grund zu Peinlichkeiten, stünde der Tropfen nicht auf der Karte. Viel wichtiger ist, dass dieser Wein auch zum Essen passt.

- Lassen Sie sich beraten! Ein kompetenter Oberkellner oder ein guter Sommelier werden nicht versuchen, auf Teufel komm raus den teuersten Tropfen an den Mann zu bringen – sondern den besten zum jeweiligen Gericht. Schließlich lebt die Gastronomie von zufriedenen Gästen, die wiederkommen.

- Eine Weinkarte mit ein paar hundert Positionen können Sie nicht am Tisch durchackern, es sei denn, Sie sind allein oder haben einen Begleiter, der sich auch selbst beschäftigen kann. Fragen Sie den Sommelier. Das spart nicht nur Zeit, sondern rückt vielleicht auch den einen oder anderen Tropfen in den Fokus, den Sie noch nicht kennen oder selbst im Keller haben. Schließlich bestellen Sie ja auch nicht Gerichte, die sie ständig zuhause essen.

- In vielen anspruchsvollen Restaurants werden sogenannte Weinreisen angeboten. Dabei serviert der Sommelier zu jedem Gang einen anderen Wein, manchmal auch zwei verschiedene. Das ist eine wunderbare Art, neue Tropfen und die eigenen Vorlieben kennenzulernen. Und es ist im Vergleich mit den Preisen, die in solchen Häusern für die meisten Flaschen aufgerufen werden, nicht einmal besonders kostspielig.

- Wenn Sie sich nicht auf den Rat des Sommeliers verlassen mögen oder vergeblich auf eine kompetente Beratung warten, tun Sie gut daran, sich an Weine zu halten, die sie entweder kennen oder die von namhaften Winzern stammen – in der Regel liefern die nämlich immer tadellose Qualität, auch bei einfachen Tropfen.

- Lassen Sie korkigen, muffigen, abgestandenen oder sonstwie fehlerhaften Wein kompromisslos zurückgehen. Wenn Sie nicht ganz sicher sind, dann fragen Sie den Kellner oder Sommelier. Der wird in den allermeisten Fällen umstandslos für Ersatz sorgen.

Und noch ein Rat zum Schluss: Lassen Sie sich keinen Aperitif aufnötigen, wenn Sie gar keinen Drink vorab haben wollen. Es ist nicht peinlich „Nein“ zu sagen – schon gar nicht, wenn Sie später noch Auto fahren müssen und im Laufe des Abends wenigstens ein oder zwei Gläser Wein trinken möchten.

Wein-Feinde

1. Schärfe, Säure, Bitterstoffe

Essen wird mit Wein erst richtig schön – aber es gibt Speisen und Getränke, die den anschließenden Genuss von Rebensaft praktisch unmöglich machen, weil sie die Geschmacksnerven lahmlegen. Kaffee ist so ein Genuss-Killer. Nach seinem Konsum sind Mundhöhle, Gaumen und Zunge dermaßen mit Bitterstoffen überzogen, dass wirkungsvolles Schmecken für eine ganze Weile ausgeschlossen ist. Das gilt auch für schwarzen Tee. Und mindestens ebenso kontraproduktiv sind heftige Schärfe von Chili, Meerrettich oder Senf sowie intensive Säure von Essig und Zitrone. Was bei einer Flasche mexikanischen Bieres oder einem Glas Tequila belebend und erfrischend wirkt – nämlich der Biss in einen Zitronenschnitz – richtet jeden Wein zugrunde.

2. Zahnpasta, Kaugummi, Rauch

Wein hat eine ganze Reihe von Feinden, Tabakrauch ist einer der schlimmsten. Er beeinträchtigt nicht nur die Geschmacksnerven des Rauchers, sondern stört auch alle anwesenden Nichtraucher und ihre Geruchswahrnehmung – von den gesundheitlichen Wirkungen einmal ganz abgesehen. In Restaurants und den meisten anderen Gaststätten ist das Rauchen fast überall in Europa inzwischen gottlob verboten, aber auch im privaten Rahmen vertragen sich Zigaretten- und Zigarrenqualm nicht mit dem Genuss von guten Weinen. Nicht ganz so offensichtlich, aber ebenso störend: starke Parfüms, Rasierwasser oder Duftkerzen. Noch problematischer allerdings wird es mit Zahnpasta, Kaugummi, Pfefferminz- und Menthol-Bonbons oder Lakritze – sie hinterlassen im Mund erhebliche Nachwirkungen und können das Trinken eines Weines vollkommen verderben.

3. Angeber, Schlaumeier, Etikettentrinker

Mitunter unerträglich ist es, mit Menschen am Tisch zu sitzen, die sich für Kenner halten. Und besonders schlimm ist es, wenn sich diese angebliche Kennerschaft als schlichte Angeberei entpuppt. Aber auch ein echter Connaisseur, der sein Wissen ungefragt und penetrant zum Besten gibt, kann eine Plage sein. Lautes Schlürfen und Schmatzen, demonstratives Riechen und fortgesetztes Gläser-Schwenken tun dann ein Übriges. Da hilft nur eins: Nicht einschüchtern lassen! Denn wie alles ist auch das Wissen um gute Weine und deren Genuss nur relativ. Erstens ist die Weinwelt so groß, unübersichtlich und in Bewegung, dass auch der größte Schlaumeier unmöglich alles im Blick haben und wissen kann. Und zweitens entscheidet am Ende immer der eigene Geschmack – nicht das Etikett. Viel zu viele selbsternannte Kenner gucken nämlich zuerst auf die Flasche und kümmern sich erst dann um deren Inhalt. Sie lassen sich von Namen leiten, nicht von Zunge und Gaumen.

Drei Grundsätze

Für unsere Großeltern war die Sache noch ziemlich einfach: Zu Fisch und hellem Fleisch tranken sie Weißwein, zu dunklem Fleisch und zu Käse Rotwein und zu besonderen Anlässen Sekt oder Champagner. Nie wurde gegen diese klassischen Regeln verstoßen. Warum auch? Schließlich hatten sie sich bewährt. Nie wäre Großvater auf die Idee gekommen, zum Rinderfilet einen gehaltvollen, trockenen Riesling oder einen voluminösen Grauburgunder aus dem Keller zu holen, nie wäre es ihm in den Sinn gekommen, zum Seeteufel mit mediterraner Tomaten-Oliven-Sauce einen Roten aus der Toskana auszuschenken. Selbst, wenn er gewollt hätte: Er konnte es gar nicht, denn zu seiner Zeit gab es weder die großen trockenen Weißweine noch die kulinarischen Möglichkeiten, wie wir sie heute kennen. Die Welt hat sich in den vergangenen Jahrzehnten rasant verändert – und die Weinwelt mit ihr.

Inzwischen gibt es traditionelle kulinarische Gesetze eigentlich nur noch, um sie zu brechen. Im Gegensatz zu Großvaters Zeiten spielen Farbe und Herkunft eines guten Tropfens heute eine untergeordnete Rolle, viel zu groß ist die Vielfalt in den Küchen und Weinbergen dieser Welt. Viel wichtiger für eine gelungene Kombination von Weinen und Speisen sind vielmehr der Körper und der Charakter der beiden potentiellen Partner – und mit ein bisschen Mut lassen sich viele ungewöhnliche, aber ausgesprochen interessante und passende Paarungen finden. Von drei Grundsätzen können Sie sich dabei leiten lassen:

1. Region

Gleich und Gleich gesellt sich gern: Diese Weisheit aus dem Volksmund gilt bei Weinen und Speisen vor allem für die Herkunft. Stammen beide aus der gleichen Region, ergeben sie natürlich nicht immer, aber oft eine unschlagbare Paarung: etwa französische Gänseleber mit Sauternes, toskanischer Pecorino-Käse mit Chianti Classico oder Flammkuchen mit Elsässer Riesling. So unterschiedlich die Geschmacksbilder dieser Kombinationen auch sind, regionale Verwandtschaften haben sich oft über Jahrhunderte entwickelt und bewährt.

2. Kraft

Die Gleichheit kann sich statt auf die Herkunft auch auf den Charakter beziehen: So braucht ein schweres, deftiges Fleischgericht mit intensiven Aromen einen ebenso vollmundigen und kräftigen Wein als Begleiter. Und ein knackiger Salat mit frischen Zutaten freut sich über einen leichten, spritzigen Partner. Je üppiger eine Speise ist, desto fülliger und kraftvoller kann auch der Wein dazu sein.

3. Aroma

Häufig profitieren die beiden Partner auch davon, wenn sie ähnliche Aromen mit in die Verbindung bringen. Erdige Wildgerichte mit Pilzen etwa machen sich besonders gut mit Spätburgundern, die ihrerseits Assoziationen zu feuchtem Unterholz und Walderde hervorrufen. Gewürztraminer mit ihren Anklängen an exotische Früchte passen bestens zu intensiv gewürzten, asiatischen Gerichten. Und Chardonnays, die durch den Ausbau in kleinen Eichenholzfässern buttrig-schmelzige Noten bekommen haben, harmonisieren sehr gut mit Buttersoßen aller Art. Für solche Gleichklänge gibt es zahlreiche Beispiele, mindestens ebenso viele aber auch für das Gegenteil, das gut mit einem zweiten Sprichwort zu beschreiben ist: Gegensätze ziehen sich an. Bei Weinen und Speisen bedeutet das vor allem: Salziges und Süßes, Scharfes und Fruchtiges, Saures und Neutrales, Altes und Junges, Spritziges und Gereiftes. Alter holländischer Gouda zum Beispiel liebt junge Riesling-Auslesen, und Rotweine mit fruchtigen Beerenaromen passen ideal zu gebratenen Entenbrüsten und kräftig gegrilltem Fleisch.

Schwierige Partner

Wein geht immer. Nur in wenigen Fällen ist wirklich gar nichts zu machen: **Rollmops, Mixed Pickles, gekochte Eier, geräucherte Makrele und Eisbein** sind praktisch von keinem Wein dieser Welt zu begleiten – dafür sind sie einfach zu sauer, zu schmierig, zu rauchig oder zu fettig. Doch für alle anderen Problemfälle gibt es eine Lösung.

- **Artischocken** werden immer genannt, wenn es um schwierige Partner geht. Dabei sind sie gar nicht so unzähmbar. Ihre Bitterstoffe geben vielen Tropfen einen metallischen Geschmack, aber je besser die Artischocken in ein Gericht eingebunden sind, desto besser verstehen sie sich auch mit dem Begleiter.

- Die Sache mit dem Einbinden gilt ebenso für **Spargel, Spinat** und sogar **Tomaten**, die mit ihrer Säure vor allem leichten Weinen ungemein zu schaffen machen können. Spargel und Spinat mögen frische, säurearme Weine wie Silvaner und Weißburgunder, Tomaten lassen sich in Soßen und Suppen am besten von Barbera zähmen, im Salat von Sauvignon Blanc.

- **Rohe Zwiebeln, Radieschen, Rettich** und **Wasabi** sind mit ihrer bitteren Säure, ihren ätherischen Aromen und ihrer mehr oder minder ausgeprägten Schärfe eine Herausforderung. Bier passt am besten; wenn es unbedingt

Wein sein muss, dann vielleicht knackiger Sauvignon Blanc, ganz sicher aber Fino Sherry.

- Zwei echte Problemfälle sind **Essig** und **Zitronensaft**, sie können praktisch jeden Tropfen in die Knie zwingen, wenn sie beispielsweise in Salaten nicht sparsam genug dosiert werden. Außer **Vinaigrette** können aber auch essighaltige Zutaten und Beilagen wie **Kapern, Gari** (eingelegter Ingwer), **saure Gurken** und **Senf** Schwierigkeiten machen. Da hilft nur eins: sparsam dosieren. Und wenn das nicht geht: knochentrockener Manzanilla Sherry.

- Auch in Kombination mit „Süss" ist „Sauer" keine leichte Partie. Ob Rheinischer Sauerbraten oder die typischen chinesischen **Süss-Sauer-Soßen**: Fruchtige Weine wie Riesling oder Beaujolais passen am besten.

- Große Schwierigkeiten machen sehr kräftig oder extrem gewürzte Speisen, wie man sie in den asiatischen oder mittel- und südamerikanischen Küchen häufig findet. Vor allem hochdosiertem **Chili** und anderen Scharfmachern ist nur mit Frucht (etwa halbtrockener Riesling, Beaujolais oder Lemberger) zu begegnen.

- Ebenso problematisch: **Räucherfisch** und **Salzhering**. Lachs und Forelle gehen ja noch, aber geräucherter Aal, Bückling und Makrele sowie Matjes sind der Tod jedes Weins. Wenn überhaupt, dann wird sehr kräftiger Riesling damit fertig, am besten aber Fino Sherry.

- Auch **Eier** sind ein Riesenproblem: Gekocht lassen sie gar nichts zu. Zu Rührei geht höchstens Sekt oder Champagner, Tortilla und Omelett lassen sich von Sherry und Chardonnay mit Barrique-Ton zähmen. Und auch bei Mayonnaisen aller Art greift man am besten zu einem kräftigen Chardonnay.

- **Frisches Obst** mit seiner meist ausgeprägten Säure und intensiven Süße macht es den meisten Weinen schwer. Süß- und Likörweine – ob nun Sauternes, Riesling-Auslesen oder Pedro-Ximénez-Sherry – können damit umgehen. Aber auch liebliche Schaumweine passen oft sehr gut.

- **Eiscremes, Parfaits und Sorbets** kühlen und betäuben die Geschmacksnerven. Je süßer und konzentrierter der Wein, desto weniger macht ihm das aus.

- Schließlich ist auch **Schokolade** ein nicht ganz einfacher Partner. Sie hat meist viel Süße vorzuweisen und verlangt deshalb nach einem – nicht immer leicht zu findenden – noch süßeren Begleiter wie Port oder Banyuls.

Aperitif

Gesalzene Nüsse

Nicht nur in Hotelbars sind gesalzene Nüsse ein klassischer Appetitanreger zum Aperitif. In Spanien kommen vor allem Salzmandeln zusammen mit Oliven auf die Theke, anderswo sind Pistazien, Chashew-Kerne oder die edlen, cholesterinfreien Macadamia-Nüsse beliebt. Am häufigsten begegnet man aber leider den eigentlich zu den Hülsenfrüchten zählenden Erdnüssen. Mit ihrem hohen Fettgehalt und süßlichen Aroma verkleben sie schnell den Gaumen und machen es jedem Wein unnötig schwer. Am besten Finger weg!

Fino Sherry Puerto Fino, Bodegas Lustau, Andalusien, Spanien

Trockener Sherry ist ein idealer Aperitif – und er geht eine wunderbare Verbindung mit den intensiven Aromen von gesalzenen Nüssen ein. Unter einem Hefeflor im offenen Fass gereift, besticht Fino Sherry durch enorme Frische und Spritzigkeit und seinen typischen Hefeton. Sehr gut eignet sich auch Madeira, und zwar die trockenste Variante: der aus Rieslingtrauben gekelterte Sercial, mit seinem rassigen, pikanten Aroma. Selbst mit dezenten Nuss-Tönen ausgestattet, und darum eine passende Alternative, ist Grauburgunder. Einen interessanten Kontrast bietet dagegen Pastis mit seinem intensiven Anis-Geschmack.

Madeira Sercial, Madeira, Portugal

Grauburgunder Kabinett trocken, Baden, Deutschland

Pastis 51, Marseille, Frankreich

Chips, Flips, Salzstangen

Es gibt Leute, die stellen zur „Happy Hour“ massenhaft Kartoffelchips, Erdnusslocken und Salzstangen auf den Tisch und schütten billigen Prosecco in die Gläser. Das ist natürlich nicht die feine Art, aber gegen Salzgebäck auf der einen und italienischen Perlwein auf der anderen Seite ist grundsätzlich nichts einzuwenden – vorausgesetzt, man hält sich mit den Knabbereien etwas zurück und an Prosecco von einem renommierten Hersteller.

Prosecco Colli Trevigiani Frizzante, Cantina Sacchetto, Venetien, Italien

Anders als die in vielen Supermärkten für kaum zwei Euro je Flasche verramschten Perlweine sind jene des Familienbetriebs Sacchetto echte Qualitätsprodukte. Der Grundwein dieses Proseccos stammt von den Hanglagen der Region Trevigiana, er ist rassig und frisch, hat eine dezente Säure, fruchtig-mineralische Würze und nur elf Prozent Alkohol. Das macht ihn zu einem Aperitif mit genügend Ausdruckskraft, um vom Salzgebäck nicht zugekleistert zu werden. Spanischer Cava und deutscher Riesling-Sekt versprechen ebenfalls spritzig-lebendigen Genuss. Aber auch für sie gilt: Halten Sie sich von der Massenware der Großbodegas und Sektkonzerne fern und kaufen Sie individuelle Tropfen vom Winzer. Gut zu Chips und Salzstangen passen zudem Frontignan, ein französischer Süßwein aus dem Languedoc, und Campari Soda – jeweils auf Eis.

Cava Brut, Katalonien, Spanien

Muscat de Frontignan, Languedoc, Frankreich

Campari, Mailand, Italien

Oliven

Die Steinfrucht vom Ölbaum spielte schon in der Antike eine wichtige wirtschaftliche Rolle. Angebaut werden Oliven vor allem rund um das Mittelmeer, inzwischen aber auch in Amerika, Südafrika und Australien. Sind sie grün, wurden sie in unreifem Zustand geerntet. Sind sie braun oder schwarz, haben sie die volle Reife erreicht. Auf den Märkten Südeuropas werden Oliven in einer unüberschaubaren Vielfalt angeboten, meist in Salzwasser, Öl oder Essig eingelegt, oft verfeinert mit Salz und Gewürzen, manchmal gefüllt mit Paprika, Mandeln, Knoblauch oder Sardellen.

Acústic Rosat, Acustic Celler, Montsant, Spanien

Als kleiner aromatischer Snack zum Aperitif sind Oliven unschlagbar. Gut harmonieren sie mit trockenem Sherry, trockenem Weißwein und mediterranen Rotweinen – wobei letztere zum Aperitif eigentlich ausscheiden, es sei denn, sie sind sehr leicht und werden gekühlt serviert. Die beste Wahl ist denn wohl auch ein Kompromiss: ein Rosé – entweder aus der Provence, oder aus Spanien, wo neben vielen leichten und durchschnittlichen Rosados auch charaktervolle Tropfen wie jener vom Weingut Acustic produziert werden. Ein schönes Wechselspiel mit den würzigen Steinfrüchten bietet auch knackiger Verdejo aus dem spanischen Rueda-Gebiet. Weitere Alternativen sind italienischer Verdicchio, Fino-Sherry und trockener, weißer Portwein.

- Verdejo, Rueda, Kastilien, Spanien
- Fino Sherry, Andalusien, Spanien
- Weißer Portwein, Douro, Portugal

Schinken und Speck

Schinken gehört zusammen mit Manchego-Käse und Oliven zu den klassischen kalten Tapas in Spanien. Aber auch in Frankreich und Italien wird luftgetrockneter Schinken, zusammen mit schwarzen Oliven, oft vor dem eigentlichen Essen als zwanglose Knabberei zum Aperitif gereicht. Und in Tirol wird der berühmte, besonders aromatische Speck gereicht. In jedem Fall bestimmen intensive, nussig-salzige Fleischaromen das Geschmacksbild.

Manzanilla Pasada, Bodegas Hidalgo La Gitana, Andalusien, Spanien

Die Bodegas im Hafenstädtchen Sanlucar de Barrameda sind berühmt für ihren Manzanilla, einen Fino Sherry, der durch den Einfluss des Meeresklimas besonders frisch, knackig und sogar ein bisschen salzig schmeckt. Ist er lange fassgelagert, bekommt er eine etwas dunklere Farbe, einen leicht nussigen Ton und den Namenszusatz „Pasada". Als Aperitif zu kalten Tapas und vor allem Schinken ist er wegen dieser Salz- und Nussnote unschlagbar. Eine weniger alkoholhaltige Alternative stellt Vernaccia di San Gimignano aus der Toskana dar, aber auch Grauburgunder mit leicht nussiger Note schmeckt hervorragend zum luftgetrockneten Schweinkram. In Frankreich würde man jungen Beaujolais zum salzigen Appetitanreger reichen. Und zum Südtiroler Speck gibt es nur eins: ein Glas Vernatsch. Die Weine aus dieser vor allem in Südtirol verbreiteten, roten Traube sind leicht, gerbstoffarm und angenehm fruchtig – und wie gemacht für den Speck.

- Vernaccia di San Gimignano, Toskana, Italien
- Beaujolais Village, Beaujolais, Frankreich
- Vernatsch, Südtirol, Italien

Salami

Mehr oder weniger dünne Scheiben luftgetrockneter Salami sind nicht nur in Spanien, sondern auch in Frankreich und Italien eine beliebte Leckerei, die mit ein paar Oliven zum Aperitif auf den Tisch kommt. Ob nun Chorizo, Saucisson oder Salami: Mit ihrer vollen Würze und ihrem üppigen Fettgehalt arrangieren sich diese Würste am besten mit knackigen weißen oder fruchtigen roten Begleitern.

Verdejo, Bodega Reina de Castilla, Rueda, Kastilien, Spanien

Die spanischen Rueda-Weine aus der aromatischen Verdejo-Traube haben beides: Eleganz und Bodenständigkeit. Mit ihrer floralen, fruchtigen Nase und den nussigen und tropischen Noten am Gaumen passen sie perfekt zu allen kalten Tapas, vor allem aber zu luftgetrockneter Wurst. Deutlich mehr Alkohol hat Fino-Sherry aus Jerez, der mit seiner staubtrockenen, nussig-hefigen Art aber auch hervorragend mit Rohwurst harmoniert. In Frankreich trinken die Leute am liebsten leichte, fruchtige Rotweine zu ihrer Saucisson, Anjou Rouge von der Loire zum Beispiel oder Beaujolais. Und als italienische Salami-Begleiter kommen Dolcetto und Barbera aus dem Piemont in Frage.

Fino Sherry, Andalusien, Spanien

Anjou Village, Anjou, Frankreich

Dolcetto, Piemont, Italien

Crostini

Die kleinen, krossen Röstbrote mit Olivenpaste, Ziegenfrischkäse, Geflügelleber, Thunfischcreme oder anderen deftig-pikanten Aufstrichen stammen eigentlich aus der Toskana, sind aber inzwischen überall in Italien – und weit darüber hinaus – beliebt. Die dünnen Weißbrotscheiben werden getoastet oder frittiert und dann geschmackvoll belegt oder bestrichen und dekoriert.

Roero Arneis, Bruno Giacosa, Piemont, Italien

Gegen Ende des 20. Jahrhunderts fast vergessen, erfreuen sich die Weine aus der alten Rebsorte Arneis inzwischen wieder großer Beliebtheit. Jung getrunken zeigen sich die Tropfen aus dem kleinen piemontesischen Gebiet Roero sehr frisch und fruchtig und haben eine angenehm zurückhaltende Säure - damit sind sie ideal als Aperitif und ein schöner Kontrast zu deftig-salzigen Crostini. Auch ein Prosecco oder die leichten toskanischen Weißweine aus der Traube Trebbiano mit ihrem blumigen Duft und ihrem fruchtigen Aroma sind ein guter Auftakt. Ein ebenso leichter und fruchtiger Begleiter wäre ein Rosé, sprich Rosado, aus dem spanischen Rioja. Andererseits passt aber auch der aus Kräutern und Artischocken gemachte Cynar mit seinem leicht bitteren, herb-süßlichen Geschmack zu Crostini. In Italien als Aperitivo sehr beliebt, wird der Likör pur oder mit Soda auf Eis getrunken.

Bianco di Toscana, Toskana, Italien

Rosado, Rioja, Spanien

Cynar, Mailand, Italien

Bruschetta

Die rustikalen Röstbrot-Happen mit Tomatenauflage sind in Italien ein beliebter Appetizer, der vor dem eigentlichen Menü gereicht wird. In vielen Restaurants hat sich Bruschetta aber inzwischen als eigene Vorspeise etabliert. Für die klassische Variante wird eine geröstete Scheibe Weißbrot mit einem Stück Knoblauch eingerieben, mit Olivenöl beträufelt und schließlich mit Tomatenstücken und Basilikum, manchmal auch zusätzlich mit Zwiebeln belegt.

Grillo, Feudo Arancio, Sizilien, Italien

Der Wein zu dieser Deftigkeit sollte möglichst nicht mit viel Säure auftrumpfen, sondern ein vollmundiger, aromatischer Tropfen sein, der der tomatigen Frische und den Röstnoten etwas entgegenzusetzen hat. Ein Grillo aus Sizilien ist ein idealer Partner, auch Pinot Grigio dürfte in diesem Zusammenhang eine gute Figur machen. Viel Frucht, wenig Säure und eine angenehme Frische bringt auch deutscher Silvaner mit. Schließlich wäre Dolcetto eine Alternative: ein leichter, säurearmer Rotwein aus Norditalien, der jung und gekühlt getrunken ein guter Partner der Tomate ist.

Pinot Grigio, Südtirol, Italien

Silvaner trocken, Rheinhessen, Deutschland

Dolcetto, Piemont, Italien

Canapés

Sie sind der Inbegriff des stilvollen Genusses in Gesellschaft: die kleinen, feinen Häppchen, die beim Champagner-Empfang die Runde und Appetit auf mehr machen. Für vollendete Canapés werden vor allem klassische Luxus-Produkte wie Lachs, Kaviar, Crevetten, Edelschinken oder Gänseleber auf Weiß- und Schwarzbrotscheibchen getürmt oder auf Löffelchen drapiert. Das Getränk dazu muss prickeln – aus Prinzip.

Champagner Première Cuvée Brut, Bruno Paillard, Champagne, Frankreich

Aus Pinot Noir und Chardonnay gekeltert, bietet der Champagner von Bruno Paillard animierenden, feinen Hochgenuss – genau das richige zu den feinen Happen. Auch andere Champagner kommen natürlich in Frage, eine interessantere Alternative aber sind die italienischen Edel-Schaumweine aus der Franciacorta, einer kleinen Weinregion in der Lombardei. Nach der „Metodo Classico", sprich per Flaschengärung, produziert, stellen vor allem die Tropfen von den Gütern Ca' del Bosco und Bellavista viele Franzosen in den Schatten. Das tun aber auch manche deutsche Riesling-Sekte, zum Beispiel jene vom Sekthaus Raumland in Flörsheim-Dalsheim in Rheinhessen. Wer es partout nicht prickeln lassen will, sollte zu Canapes besten Weißburgunder springen lassen – leicht, jung und spritzig.

- Spumante, Franciacorta, Italien
- Riesling-Sekt Brut, Rheinhessen, Deutschland
- Weißburgunder Kabinett trocken, Pfalz, Deutschland

Guacamole mit Tortilla-Chips

In Mexiko erfunden, in Amerika populär geworden und inzwischen auch hierzulande ungeheuer beliebt: Guacamole ist ein pikanter Dip aus Avocado, Knoblauch, Zitronensaft, Salz und Pfeffer; manchmal kommen auch Tomatenwürfel und frischer Koriander hinzu. Zusammen mit den dreieckigen, auch Nachos genannten, Tortilla-Chips schmeckt die würzige, grüne Creme vor allem im Sommer und ist auch als Party-Snack gut geeignet.

Chardonnay „Twin Oaks", Robert Mondavi Winery, Kalifornien, Vereinigte Staaten

Nicht nur weil die Amerikaner verrückt nach Nachos und Guacamole sind, sondern vor allem weil er sich mit seiner vollmundigen Kraft sehr gut gegen die gehaltvolle, würzige Avocado-Creme durchsetzen kann, ist Chardonnay aus Kalifornien hier die erste Wahl. Der „Twin Oaks" verbindet erfrischende Grapefruitaromen mit zarten Eichenholznoten und ist trotz seiner Fülle verspielt genug für einen Aperitif. Auch neuseeländischer Sauvignon Blanc ist ein Freund der Avocado, genau wie – es klingt verwegen, ist aber die reine Wahrheit – fränkischer Müller-Thurgau. Wer es authentischer mag, trinkt mexikanisches Maisbier, am besten Corona.

Sauvignon Blanc, Marlborough, Neuseeland

Müller-Thurgau Kabinett trocken, Franken, Deutschland

Corona, Mexiko-City, Mexiko

Rohkost mit Dip

Manche extreme Veganer essen grundsätzlich nichts anderes als rohes Gemüse und Obst. Das ist nicht nur langweilig, sondern führt auf Dauer auch zu Mangelernährung. Als knackig-frischer Snack sind Gurken-, Karotten- und Paprikastreifen allerdings ein wunderbar leichter Auftakt zu einem Essen. Oft von einem oder mehreren cremig-pikanten Dips begleitet, ist Rohkost nicht nur appetitanregend, sondern auch gesund.

Antonio Barbadillo Blanco Seco, Bodegas Barbadillo, Andalusien, Spanien

Rohes Gemüse ist nicht unbedingt ein idealer Partner für Wein: Meist ist es nur dezent im Geschmack, oft säuerlich, nicht selten bitter und manchmal sogar leicht ätherisch. Am besten passen sehr frische Tropfen mit zurückhaltendem Charakter und wenig Säure, zum Beispiel die Weißen aus der alten spanischen Rebsorte Palomino Fino. Sie sind wegen ihres sehr geringen Zucker- und Säuregehalts fast neutral und werden in erster Linie als Grundweine für Sherry genutzt. Auch weißer Vinho Verde aus Portugal ist sehr mild und ebenso unkompliziert wie junger, deutscher Silvaner. Die Briten lassen in ihrem Pimm's sogar Gurkenstücke schwimmen. Mit Zitronenlimonade verdünnt ist dieser klassische Aperitif-Likör auf Gin-Basis ein wahrer Gemüseversteher.

- Vinho Verde, Minho, Portugal
- Silvaner trocken, Franken, Deutschland
- Pimm's, London, Großbritannien

Salate

Blattsalate

Leicht, knackig, gesund: Ein frischer Salat ohne viel Beiwerk ist immer ein guter Auftakt zu einem Menü. Kopfsalat, Lollo Bionda und Lollo Rosso, Eisbergsalat, Friséesalat, Eichblattsalat, Feldsalat, Rucola – die Liste ist praktisch endlos und die Kombinationsmöglichkeiten mit Speckwürfelchen, Croutons, gehobeltem Parmesan, gerösteten Kernen und Nüssen oder kleinen Tomaten sind unerschöpflich.

Weißburgunder trocken, Bassermann-Jordan, Pfalz, Deutschland

Grüne Blätter sind nicht gerade die natürlichen Freunde des Weins. Viele Wildsalate, vor allem der hierzulande inzwischen unvermeidliche Rucola und auch Frisée haben eine leicht bittere, mitunter sogar scharfe Note, die manchem Tropfen Probleme bereitet. Auch Essig und Öl und andere Dressings machen es dem Wein nicht einfach. Ein guter Begleiter für fast alle Salate, und auch gut geeignet als leichter Menü-Auftakt, ist wegen seiner dezenten Aromen und seiner nicht zu ausgeprägten Säure der Weißburgunder. Aber auch der aus dem Piemont stammende Roero Arneis hat angenehme Säure und viel Frucht zu bieten, ebenso wie die Weißweine aus dem spanischen Rueda-Gebiet. Schließlich kommt noch Rosé in Frage, zum Beispiel Cinsault aus dem südfranzösischen Languedoc.

Roero Arneis, Piemont, Italien

Rueda, Kastilien, Spanien

Cinsault Rosé, Languedoc, Frankreich

Blattsalate mit Kurzgebratenem

Ob Hühnchen, Putenbrust, Schwein, Kalb, Rind oder Garnelen – zarte Fleischstreifen und Meeresfrüchte, kurz aber kräftig angebraten, können eine schmackhafte Ergänzung von aromatischen Blattsalaten wie Feldsalat, Rucola oder Eichblattsalat sein. Zum knackig-frischen, milden Aroma der grünen Blätter geben sie kräftige Röstaromen und gehaltvollen Geschmack. So avanciert der Salat schnell zur Hauptspeise.

Grauburgunder Kaiserstuhl, Weingut Holger Koch, Baden, Deutschland

Graue Burgunder, vor allem jene vom Kaiserstuhl, sind sehr gute Begleiter von kurzgebratenem Fleisch – aber auch Garnelen. Sie ergänzen die Röstnoten mit leichten Nussaromen und großer Substanz, übertönen aber auch die Frische und Knackigkeit des Salates nicht und fügen dem Ganzen gewissermaßen eine dritte, fruchtige Dimension hinzu. Mit üppiger Frucht und erfrischender Spritzigkeit sind auch viele Rosé-Weine als Partner für Salat gut geeignet – vor allem Rosados aus der spanischen Region Navarra, denn sie haben eine deutliche florale Not. Auch Soave Classico, mittelschwer und mit leichten Mandeltönen, die gut zum gebratenen Fleisch passen, kommt in Frage; ebenso ein junger Grüner Veltliner, vor allem, wenn Fisch oder Meeresfrüchte den Salat bereichern.

Rosado, Navarra, Spanien

Soave Classico, Venetien, Italien

Grüner Veltliner, Kremstal, Österreich

Salade Nicoise

Diese französische Salatvariation mit Thunfisch, gekochtem Ei, Oliven, Tomaten und Sardellenfilets stammt aus der Region um die Hafenstadt Nizza an der Côte d'Azur. Inzwischen praktisch weltweit verbreitet, gibt es für die ebenso frische wie würzige Komposition verschiedene Rezepte. In der klassischen Variante kommen auch gekochte Kartoffelstücke und grüne Bohnen in den Salat. Angemacht wird er stets mit Essig und Öl.

Rosé Côtes de Provence, Château Montaud, Provence, Frankreich

Südfranzösischer Wein zu südfranzösischer Küche – das muss nicht automatisch passen, tut es aber, wenn man zum Salade Nicoise einen jugendlich frischen, aber doch gehaltvollen und vor allem von fruchtigem Schmelz geprägten Rosé von der Côte de Provence ausschenkt. Fruchtig und würzig zugleich versteht sich dieser hellrosa leuchtende Tropfen mit allen Elementen des Salates auf Anhieb, bindet sie gewissermaßen zusammen. Genügend Kraft und Struktur, aber auch eine frische, leichte Seite haben ebenso eine deutsche Grauburgunder Spätlese aus Baden und italienischer Pinot Grigio aus dem Friaul. Wegen ihrer Kombination von Fülle und Schmelz auf der einen und Fruchtigkeit und Frische auf der anderen Seite, käme schließlich auch eine der in Chile beliebten Cuvées von Chardonnay und Sauvignon Blanc in die engere Wahl.

- Grauburgunder Spätlese trocken, Baden, Deutschland
- Pinot Grigio, Friaul, Italien
- Chardonnay/Sauvignon Blanc, Central Valley, Chile

Caesar Salad

Dieser italo-amerikanische Salat ist überall in der internationalen Hotelwelt zu finden und auch in Steakhäusern als würzig-frische Vorspeise sehr verbreitet. In seiner einfachsten Variante werden Blätter vom Römersalat mit einer Vinaigrette aus Olivenöl, gekochtem Eigelb und Zitronensaft angemacht und mit Knoblauch-Croutons und geriebenem Parmesan bestreut. Mitunter wird er zusätzlich mit schwarzen Oliven und gekochtem Ei belegt.

El Meson Rosado, Bodegas El Meson, Rioja, Spanien

Durch die Croutons und den Parmesan erhält der Caesar Salad eine sehr würzige, fast deftige Note, der man am besten mit viel Frucht und Frische begegnet. Rosado aus dem spanischen Rioja ist wie gemacht für diese Aufgabe: Er zeigt ein sommerliches Bouquet mit Erdbeer- und Himbeer-Aromen und erfüllt den Mund mit erfrischendem, fruchtigen Schmelz. Etwas neutraler, aber auch fruchtig und vor allem mit einer angenehmen, leichten Bitternote ausgestattet ist Orvieto Classico. Eine ungewöhnlichere Möglichkeit zu diesem würzigen Salat wäre ein Albana aus der Emilia Romagna: Die Weine dieser autochthonen Rebsorte sind nicht so leicht zu bekommen, glänzen aber mit viel fundierter Mineralik und dazu einer schmeichelnden Fruchtfülle, die einen schönen Kontrapunkt zum deftigen Salat setzt. Schließlich könnte man auch einen füllig-aromatischen Chardonnay anbieten, zum Beispiel aus Venetien oder auch Übersee – aber auf jeden Fall ohne Barrique-Noten.

- Orvieto Classico, Umbrien, Italien
- Albana di Romagna, Emilia Romagna, Italien
- Chardonnay del Veneto, Venetien, Italien

Tomate mit Mozzarella

In Italien erdacht, inzwischen aber weltweit ein Begriff ist der „Insalata Caprese“ die vielleicht am weitesten verbreitete Form des Tomatensalates: Scheiben von Tomate und Mozzarella – Kenner schwören auf „Mozzarella di Bufala“, also aus Büffel- und nicht aus Kuhmilch – mit frischem Basilikum, Olivenöl und ein paar Spritzern Balsamico-Essig sind eine unkomplizierte Vorspeise für jede Gelegenheit.

„Titolato Strozzi" Vernaccia di San Gimignano, Guicciardini Strozzi, Toskana, Italien

Die Tomaten sind wegen ihrer intensiven Säure und der oft ausgeprägten aromatischen Süße ein schwieriger Partner für Wein. Andere Zutaten geraten da eher zur Nebensache. Gut geeignet als Begleiter sind Tropfen mit zurückhaltender Säure, Riesling scheidet also aus. Ideal ist ein knackiger, auf keinen Fall in Barrique ausgebauter Vernaccia di San Gimignano aus der Toskana, der die Frische der Tomaten aufnimmt und mit saftig-weicher Frucht einbindet - und ebenso wie Orvieto Classico einen angenehmen, leichten Bitterton im Abgang bietet. Auch Sauvignon Blanc aus dem Friaul oder Venetien ist eine Option, denn auch er zeigt sich am Gaumen knackigfrisch mit satten Birnen- und Stachelbeeraromen. Fast neutral, aber angenehm zu allen Tomatensalat-Varianten trinkt sich portugiesischer Vinho Verde.

- Orvieto Classico, Umbrien, Italien
- Sauvignon del Veneto, Ventien, Italien
- Vinho Verde, Minho, Portugal

Bohnen- und Linsensalate

Bohnen, Linsen und andere Hülsenfrüchte stecken voller Proteine und haben einen charakteristischen Eigengeschmack – egal, wie sie für den Salat auch verfeinert werden. Oft werden sie von Zwiebeln begleitet, in der mediterranen Küche häufig außerdem von Knoblauch. Auch Kartoffelsalate, die statt mit Mayonnaise mit einer Essig-Öl-Marinade angemacht sind, zeigen sich ähnlich gehaltvoll und aromenstark.

Vitus Weissburgunder Barrique trocken, Joachim Heger, Baden, Deutschland

Linsen und Bohnen schreien förmlich nach Barrique. Die Vanille- und Würztöne, die der Wein durch die Reife in kleinen Holzfässern bekommt, ergänzen sich perfekt mit dem charaktervollen Geschmack von Hülsenfrüchten und harmonieren auch mit deftigen Zutaten. In der neuen Welt wird vor allem Chardonnay in Barrique ausgebaut, fast noch besser eignen sich zu diesen Salaten aber holzgereifte Weißburgunder und Grauburgunder aus Deutschland. Zu mediterranen Bohnensalaten passen auch spanischer Rioja blanco und griechischer Assyrtiko, die mit Frucht, vor allem aber viel Fülle und robustem Aroma die Deftigkeit des Salates und seiner Bestandteile einbinden. Einen etwas anderen, aber vor allem zu Linsen sehr angenehmen Akzent setzt leichter Spätburgunder mit kirschiger Frucht und erdigen Tönen.

Rioja blanco, Rioja, Spanien

Assyrtiko, Santorini, Griechenland

Spätburgunder Kabinett trocken, Rheinhessen, Deutschland

Kartoffelsalat und andere Salate mit Mayonnaise

Kartoffelsalat mit Ei, Gewürzgurke und Mayonnaise ist in Deutschland weitverbreitet – vor allem im Norden. Er wird zur Bratwurst, zur Bockwurst, zum Schnitzel und an der Küste auch zum panierten Fisch gegessen. Auch sehr mächtig und Mayonnaise-lastig: der Russische Salat, der in Spanien und auf dem Balkan beliebt ist, aus Karottenwürfeln, Erbsen, Schinken und gekochtem Ei zubereitet wird und häufig als Vorspeise auf den Tisch kommt.

Riesling „unplugged" Kabinett, Weingut Tesch, Nahe, Deutschland

Egal ob Kartoffelsalat oder Russischer Salat: Mayonnaise ist für Wein das Grauen! Diesen intensiven, süßlich-würzigen Schmelz, der alle anderen Elemente des Salates bis zur Unkenntlichkeit umhüllt, kann kaum ein Tropfen durchdringen – zu robust ist die aus Eigelb, Öl und einem Schuss Essig aufgeschlagene Masse. Am besten schaffen das noch sehr trockene, mineralische Rieslinge, die mit spritziger Säure und Frucht einen deutlichen Akzent setzen und dem Gericht zu einer frischen Note verhelfen. Sauvignon Blanc mit seinen Gras- und Zitrusaromen ist eine gute Wahl, wenn im Salat Zitronennoten eine Rolle spielen. Chardonnays mit leichter Holznote können ebenfalls eine Chance bekommen. Und schließlich passt zur Mayonnaise auch trockener Sherry. Der lässt sich vom üppigen, süßlichen Schmelz nämlich nicht beeindrucken und setzt ihm knackige Frische entgegen.

- Sauvignon Blanc, Steiermark, Österreich
- Chardonnay, Maipo Valley, Chile
- Fino Sherry, Andalusien, Spanien

Krautsalat

Mit seinem leicht säuerlichen, mitunter sogar essiggeschwängerten Geschmack ist Krautsalat kein guter Partner für Wein. Selbst in seiner vor allem in Amerika und England verbreiteten Coleslaw-Variante, die mit Mayonnaise oder einem cremigen Dressing angemacht wird, bleibt er schwierig – wie übrigens auch schlichter Karottensalat.

Müller-Thurgau trocken, Winzervereinigung Freyburg, Saale-Unstrut, Deutschland

Zum Krautsalat serviert man am besten Wein ohne viel Widerstand. Keine aromenstarken, kantigen Charaktertropfen, sondern bodenständige, eher neutrale Gewächse. Müller-Thurgau mit seinem blumigen Bukett, dem charakteristischen, leichten Muskatton und seiner milden Säure macht dem Kraut keine große Konkurrenz. Am besten frisch und jung getrunken, ist er ein unkomplizierter Begleiter. Auch ein einfacher Silvaner kommt bei diesem Salat in Frage. Er hat zurückhaltende Säure und schmelzige Frucht, die auch zu anderen Salaten und Gemüsegerichten passt. Schließlich könnte man zum Krautsalat jungen Chardonnay aus Venetien, der blumige Leichtigkeit an den Tag legt, oder frisch-knackigen Vinho Verde aus Portugal ausschenken.

- Silvaner Kabinett trocken, Franken, Deutschland
- Chardonnay del Veneto, Venetien, Italien
- Vinho Verde, Minho, Portugal

Nudelsalat

Der Nudelsalat hat es nicht leicht. Es gibt Leute, die machen einen weiten Bogen um den König des Partybuffets, denn oft genug kommt er als uninspirierter Sattmacher daher: Spiralnudeln, Erbsen, Fleischwurstwürfel, Mayonnaise – fertig. Deutlich mehr Pfiff haben mediterrane Varianten, italienisch mit Rucola, getrockneten Tomaten und Oliven oder spanisch mit Paprika, Chorizo und Manchego. Für den Nudelsalat gilt also im Grunde das Gleiche wie für Beton: Es kommt drauf an, was man damit macht.

Gran Feudo Rosado, Bodegas Gran Feudo, Navarra, Spanien

Es ist vor allem die Mayonnaise, die es so schwierig macht, einen Begleiter für die Party-Variante zu finden. Sie verhüllt mit ihrem intensiven Schmelz alle anderen Elemente des Salates und die Zunge. Am besten machen sich dazu knochentrockene Rieslinge oder Weine mit einer leichten Barrique-Note, zum Beispiel Chardonnays aus Übersee. Ebenso gut macht sich spanischer Rosé mit seiner fruchtigen Vollmundigkeit – und der hat zudem den großen Vorteil, dass er auch zu den mediterranen Versionen dieses Gerichts passt. Vor allem die kräftigen Rosados aus der Navarra haben dem würzigen Salat genug entgegenzusetzen, um nicht unter zu gehen. Schließlich wäre natürlich auch ein trockener italienischer Weißwein wie der Gavi di Gavi aus dem Piemont in Erwägung zu ziehen, entscheidend sind die Zutaten für die verhältnismäßig neutrale Pasta-Grundlage.

- Riesling trocken, Hessische Bergstraße, Deutschland
- Chardonnay, Stellenbosch, Südafrika
- Gavi di Gavi, Piemont, Italien

Asiatische Salate

Die meisten Speisen aus Südostasien zeichnen sich durch intensive Würze, exotische Aromen und nicht selten eine gewisse Schärfe aus – auch die Salate. Sehr beliebt sind Sprossen von Bohnen, Soja und Bambus, ebenso Chili, Frühlingszwiebeln, Ingwer, Koriander und – je nach Land und Region – auch Glasnudeln und Nüsse. Der in Europa verbreitete Essig wird meist durch Zitronen- oder Limettensaft oder Sojasoße ersetzt.

Rieslaner Spätlese halbtrocken, Weingut „Zur Schwane", Franken, Deutschland

Für die Salate der asiatischen Küche gilt das Gleiche wie für (fast) alle anderen Gerichte aus den Ländern des Fernen Ostens: Riesling ist der ideale Partner - vor allem dann, wenn er nicht trocken und mineralisch, sondern halbtrocken und fruchtig ist und mit dieser Kombination einen Kontrast zur intensiven Aromatik und Schärfe dieser Speisen ergibt. Rieslaner, eine praktisch nur in Franken verbreitete Rebsorte, die aus Riesling und Silvaner gekreuzt wurde, kann zusätzlich noch mit einem ausladenden Aroma von exotischen Früchten aufwarten und ist deshalb vor allem für frische Salate noch besser geeignet. Auch Gewürztraminer aus dem Elsass, aus Südtirol oder aus deutschen Anbaugebieten ist ausdrucksstark und fruchtig, ebenso wie Sauvignon Blanc aus Übersee, zum Beispiel Kalifornien oder Neuseeland, mit seinen Noten von Stachelbeeren und tropischen Früchten.

- Riesling halbtrocken, Rheingau, Deutschland
- Gewürztraminer halbtrocken, Pfalz, Deutschland
- Sauvignon Blanc, Napa Valley, Vereinigte Staaten

Vorspeisen

Austern

Rohe Austern mit einem Spritzer Zitrone, ein bisschen Pfeffer oder einem Schuss Tabasco sind ein außergewöhnlicher Genuss – allerdings nicht für jedermann. Mancher kann den von Gourmets weltweit gepriesenen Luxus-Muscheln ihres intensiven Geschmacks nach Meerwasser und ihrer glibberigen Konsistenz wegen nichts abgewinnen. Gratiniert verlieren sie ein wenig von ihrem Schrecken, aber auch ihre salzig-frische Einzigartigkeit.

Champagner Brut Premier, Louis Roederer, Champagne, Frankreich

Für die Edel-Meeresfrucht nur das Beste! Aber Vorsicht: Mit dem starken Seegeschmack und den intensiven Jodaromen kommen lange nicht alle Weine klar. Riesling zum Beispiel scheidet vollkommen aus. Guter trockener Champagner geht immer, aber möglichst ohne intensive Holznote. Ebenso gut schmecken französische Weißweine aus dem Chablis oder von der Loire - je hochwertiger, desto besser. Überraschend gut geht auch knochentrockener, eiskalter Manzanilla Sherry. Und die Iren trinken tatsächlich Guinness zu ihren Austern.

- Chablis Premier Cru, Burgund, Frankreich
- Muscadet sur lie, Loire, Frankreich
- Manzanilla Sherry, Andalusien, Spanien

Kaviar

Der ultimative Luxus – inzwischen nur noch aus Zuchtbetrieben, aber trotzdem kaum zu bezahlen. Ein Hochgenuss sind die salzig-nussigen Eier vom Stör aber natürlich noch immer. Am besten schmecken sie pur und ohne viel Beiwerk. Leichte Weine tun sich mit der intensiven Salzigkeit des echten Kaviars schwer, kräftige lenken nur ab.

Champagner Dom Perignon, Moet & Chandon, Champagne, Frankreich

Wer sich Kaviar leisten kann, sollte sich auch den besten Champagner gönnen: Dom Perignon, den ewigen Klassiker aus dem Hause Moet & Chandon. Diese Kombination hat sich in den vergangenen Jahrhunderten an den Höfen der Könige und auf den Festen der Schönen und Reichen bewährt. Ebenso wie die edlen Rogen löffelweise am besten schmecken, macht Champagner vor allem in großen Schlucken Spaß. Zur Not kann man auch teuren Weißen aus dem Burgund zum Kaviar trinken, am besten aus den besten Lagen dieser Region. Ebenfalls ein feiner Rogen-Begleiter ist guter Weissburgunder, etwa aus der Pfalz. Überraschend gut passt aber auch Sherry: gereifter Manzanilla Pasada mit seinen leichten Salznoten. Na ja, und Wodka geht natürlich auch immer.

Chassagne-Montrachet, Burgund, Frankreich

Manzanilla Pasada, Andalusien, Spanien

Imperial Collection Vodka, Smolensk, Russland

Sushi und Sashimi

Abgesehen von Pizza und Hamburger gibt es nur wenige Speisen, die einen solchen Siegeszug vorweisen können: Ursprünglich eine Vorspeise der klassischen japanischen Küche sind die kleinen, kalten Reisbällchen mit schwarzer Seetang-Hülle und Rohfisch-Füllung und die rohen Fisch-Happen inzwischen weltweit ein Renner. Hierzulande liegen die gängigsten Variationen sogar in den Kühltheken der Supermärkte. Echte Qualität gibt es aber nach wie vor nur beim Japaner.

Riesling Gelblack feinherb, Schloss Johannisberg, Rheingau, Deutschland

Viel zu oft wird zu Sushi und Sashimi Bier serviert. Das passt mit seinem leicht bitteren Geschmack zwar ganz gut zum fischig-salzigen, dezent säuerlichen Aroma der kleinen Reishappen. Eine viel breitere Wirkung aber entfaltet halbtrockener Riesling, der mit fruchtiger Frische einen deutlichen, aromatischen Kontrast setzt und die salzige Würze der Soja-Soße, die stets zu Sushi und Sashimi serviert wird, mit verspielter Süße abmildert. Auch Silvaner und spanischer Albariño lassen sich durch intensive Beilagen wie Gari und Wasabi nicht schocken und halten mit Frucht und Frische dagegen. Japaner trinken natürlich ihren Sake: Kalt getrunken ist der traditionelle Reiswein ein vielschichtiger und bei Topqualität ein enorm komplexer Genuss, der ein wenig an trockenen Fino Sherry erinnert.

Silvaner Spätlese trocken, Franken, Deutschland

Albariño Rías Baixas, Galicien, Spanien

Choya Sake, Choya Umeshu, Osaka, Japan

Gebeizter und geräucherter Lachs

Graved Lachs gehört ebenso wie die zart geräucherte Variante zu den gängigen Vorspeisen. Ein paar dünne Scheiben, dazu Toast und Butter, manchmal auch ein Kartoffelrösti, sind ein schöner Aufgalopp für ein Menü oder der krönende Abschluss eines edlen Frühstücks. Fast immer wird zum gebeizten Lachs eine intensive Honig-Senf-Dill-Soße serviert, wie sie in Skandinavien verbreitet ist. Wer sie nicht vorsichtig dosiert, überlagert schnell den zarten Geschmack des Fisches und jedes dazu gereichten Weines.

Chablis, Domaine William Fevre, Burgund, Frankreich

Mit seiner filigranen Eleganz und seinem trockenen, aber fruchtigen Ausdruck umschmeichelt der Chablis den feinen Lachs geradezu. Die Weine aus diesem nördlichsten Teil des Burgund gehören zu den besten, die Frankreich zu bieten hat – leider aber auch zu den teuersten. Vor allem beim Frühstück passt zum Lachs auch ein junger Champagner, der statt mit kräftigem Körper mit Frische und Leichtigkeit überzeugt. Mineralische Noten und dezente Frucht hat dagegen halbtrockener Riesling von der Mosel zu bieten – auch das verträgt sich gut mit dem zart-würzigen Fisch. Und schließlich kommt Pouilly-Fumé mit seinen Sauvignon-Blanc-typischen Stachelbeer- und leichten Rauch-Noten in die engere Wahl.

- Champagner Brut, Champagne, Frankreich
- Riesling Spätlese halbtrocken, Mosel, Deutschland
- Pouilly-Fumé, Loire, Frankreich

Fisch-Carpaccio

Nur mit Salz, Pfeffer und Öl gewürzt sind die dünnen Scheiben von Lachs, Thunfisch, Jakobsmuscheln oder mitunter auch der delikaten Dorade eine sehr dezente Speise, die höchstens von Salat oder anderen milden Beilagen ergänzt werden sollte. Fisch-Tatar ist meistens etwas kräftiger angemacht, aber auch hier sollte unbedingt der feine Geschmack des rohen Fisches im Vordergrund stehen.

Riesling Kabinett trocken, Weingut Fritz Haag, Mosel, Deutschland

Der Riesling mit seiner Mineralität und seiner typischen Frucht ergänzt das Aroma des Fisches und übertönt es nicht. Der Wein zeichnet sich durch Klarheit und eine gut eingebundene, pikante Säure aus und stört nicht die feine Aromatik von Carpaccio oder Tatar. Auch Grüner Veltliner aus der österreichischen Wachau käme dafür in Frage, ebenso ein Chardonnay ohne Holznote aus dem Burgund, aus Venetien oder zur Abwechslung auch aus Südafrika. Gut geeignet wäre außerdem Sauvignon Blanc mit seiner spritzigen, lebendigen Frische – etwa aus dem französischen Touraine oder Neuseeland.

- Grüner Veltliner, Wachau, Österreich
- Chardonnay, Stellenbosch, Südafrika
- Sauvignon Blanc, Touraine, Frankreich

Fisch-Terrinen

Stücke von edlem Fisch und zarten Meeresfrüchten von einer raffiniert gewürzten Farce oder einem Gelee in Form gehalten und nach dem Erkalten in Scheiben zu kleiner Salatbeilage serviert: Fischterrinen haben vor allem in der Küche Frankreichs einen Platz als Vorspeise mit Format. Anders als die Pasteten- und Terrinen-Kreationen von Fleisch, Geflügel oder Wild sind sie meistens subtil abgeschmeckt und zudem eine Augenweide.

Riesling vom Buntsandstein Spätlese trocken, Ökonomierat Rebholz, Pfalz, Deutschland

Oft mit Gemüsestreifen verfeinert, zeigen Fisch-Terrinen neben den delikaten Fisch-Aromen auch süßliche Noten, die am besten von einem Riesling aufgenommen werden. Mit prägnanter Säure, mineralischen Noten und Aromen von Zitrone und Grapefruit stellen insbesondere Rieslinge von Buntsandsteinböden in der Pfalz eine harmonische Verbindung zur Terrine her. Ebenso würde ein Anjou Blanc von der Loire passen, der vorwiegend aus Chenin Blanc gekeltert wird und oft einen Hauch Süße mit einer knackigen, mineralischen Note verbindet. Auch ein lebhafter Sauvignon Blanc aus Südafrika mit seinen Anklängen von tropischen Früchten kommt in Betracht. Und mit seiner würzigen Nase, feinen Säure und seinem herzhaften, aber eleganten Geschmack würde schließlich auch Grüner Veltliner harmonieren.

- Anjou Blanc, Loire, Frankreich
- Sauvignon Blanc, Stellenbosch, Südafrika
- Grüner Veltliner, Kremstal, Österreich

Avocado mit Krabben

Die birnenförmige, grüne Frucht ist mit den spanischen Eroberern aus dem Süden Mexikos nach Europa gekommen. Inzwischen wird sie weltweit kultiviert und vielfältig genutzt – vom würzigen Guacamole-Dip bis zur Füllung für Sushi. Wegen ihres hohen Fettgehalts wird sie auch Butterfrucht genannt und ist unter Vegetariern und Veganern sehr beliebt. Halbiert, vom Kern befreit und mit Krabbensalat gefüllt, kann man sie umstandslos auslöffeln.

Sauvignon Blanc Sunrise, Concha y Toro, Central Valley, Chile

Das gehaltvolle, weiche Fruchtfleisch der Avocado schreit nach einem aromareichen Wein, der sich von der buttrigen Cremigkeit nicht unterkriegen lässt – und auch dem mayonnaisigen Krabbensalat standhalten kann. Sauvignon Blanc aus Chile mit seinen intensiven Zitrus- und Fruchtaromen und seiner ausgewogenen Säure kann das und gibt dem Ganzen außerdem die Frische, die der Avocado abgeht. Grüner Veltliner mit seiner pfeffrigen Spritzigkeit ist ebenfalls ein solcher Kandidat, und mit ähnlicher belebender Frische, aber auch mit viel reintöniger Frucht kann auch Riesling punkten. Schließlich kommt auch ohne Barrique-Kontakt ausgebauter Chardonnay aus Südtirol in Frage.

- Grüner Veltliner, Weinviertel, Österreich
- Riesling trocken, Saale-Unstrut, Deutschland
- Chardonnay, Südtirol, Italien

Krabben- und Meeresfrüchte-Cocktails

Puristen hassen die Kombination von zarten Krabben oder Garnelen mit Cocktailsoße oder Mayonnaise – zu sehr tritt ihrer Meinung nach dabei der feine Geschmack der Schalentiere in den Hintergrund. Tatsächlich gehört die vollmundige Kreation mit ihrer Süße und Würze aber noch immer zu den beliebtesten Vorspeisen.

Pouilly-Fumé, Domaine Herve Seguin, Loire, Frankreich

Der Wein zum Krabbencocktail braucht eine gewisse Standfestigkeit, um zu bestehen. Ein idealer Begleiter für Meeresfrüchte aller Art und derzeit – im Wortsinn – in aller Munde, weil gewaltig in Mode, ist Sauvignon Blanc. Sein typischer, frischer Duft und seine „grünen" Aromen können es auch mit Cocktailsoße und Mayonnaise aufnehmen. Anspruchsvolle Tropfen dieser Rebsorte kommen traditionell aus den französischen Gebieten Sancerre und Pouilly-Fumé an der Loire. Zum Krabbencocktail kämen aber auch Sauvignons aus Neuseeland oder Südafrika in Frage. Außerdem passen Muscadet von der Loire und der spanische Rueda, der oft mit einem Anteil von Sauvignon-Blanc-Trauben vergoren wird, zu dieser Vorspeise.

- Sauvignon Blanc, Marlborough, Neuseeland
- Muscadet, Loire, Frankreich
- Rueda, Kastilien, Spanien

Jakobsmuscheln

Nach der Auster ist die Jakobsmuschel vielleicht die beliebteste, allerdings auch kostspieligste Muschel. In den großen Schalen findet sich neben der Nuss, dem kompakten, weißen Muskel auch der essbare, rot-orangene Rogen. Zubereitet wird allerdings vor allem die wunderbar feste, tatsächlich mit nussigem Geschmack gesegnete Nuss. Kurzgebraten oder gratiniert mit einer leichten Butter-Sahne-Soße ist sie eine Offenbarung.

Saar Riesling trocken, Weingut Van Volxem, Mosel, Deutschland

Die ausgeprägte Mineralik des Saar-Rieslings passt sehr gut zu allen Muscheln und verstärkt das milde, nussige Aroma der Jakobsmuschel. Auch der aus dem Piemont stammende Gavi di Gavi mit seinen floralen und fruchtigen Noten und seiner zurückhaltenden Säure passt gut zum zarten Muschelfleisch und der sahnigen Soße, ebenso ein Weißburgunder, vielleicht aus der Pfalz. Immer ein guter Partner für die edle Jakobsmuschel ist der ebenso edle Champagner. Je gehaltvoller er ist, desto besser. Franzosen schwören darauf.

- Gavi di Gavi, Piemont, Italien
- Weißburgunder Spätlese trocken, Pfalz, Deutschland
- Champagner Brut, Champagne, Frankreich

Vitello Tonnato

Kein Antipasti-Büfett ohne dieses norditalienische Traditionsgericht: Dünne Scheiben von gekochtem oder rosa gebratenem Kalbsfleisch werden, wenn sie erkaltet sind, auf einem Teller oder einer Platte angerichtet und mit einer feinen, cremigen Soße aus Thunfisch, Sardellen, Kapern und Mayonnaise überzogen. Mit Zitronenscheiben und Kapern dekoriert, ist Vitello Tonnato eine typische kalte Vorspeise der italienischen Sommerküche.

Gavi di Gavi, Enrico Serafino, Piemont, Italien

Zu diesem deftig-delikaten Gericht passt ein erfrischender Weißwein mit viel Frucht und zurückhaltender Säure. Gavi di Gavi aus dem Piemont zeigt Lebendigkeit und einen aromatischen Geschmack. Er umschmeichelt das zarte Kalbsfleisch, hat aber auch genügend Saftigkeit um die sehr dominante Thunfisch-Creme zu begleiten. Auch ein Arneis aus dem gleichen Gebiet, obwohl meist etwas zarter und feiner strukturiert als der Gavi, ist ein guter Partner für Vitello Tonnato, ebenso wie der blumig-weiche Tocai Friulano aus dem Friaul. Schließlich harmonisiert auch Grauburgunder mit dem Antipasti-Klassiker – wer eine deutsche Alternative zum italienischen Pinot Grigio sucht, wird sicher in Baden fündig.

- Roero Arneis, Piemont, Italien
- Tocai Friulano, Friaul, Italien
- Grauburgunder Spätlese trocken, Baden, Deutschland

Rinder-Carpaccio

Benannt nach dem Renaissance-Maler Vittore Carpaccio hat diese klassische Vorspeise ihren Ursprung in „Harry's Bar" in Venedig, wo Guiseppe Cipriani sie erfand – allerdings erst 1950 und nicht vor Jahrhunderten, wie man denken könnte. Hauchdünne Scheiben rohen Rindfleisches werden mit Pfeffer, Olivenöl und einem Spritzer Zitronensaft mariniert, dünne Parmesan-Hobel und Rucola sind eine beliebte Garnitur.

Vernaccia di San Gimignano, Teruzzi & Puthod, Toskana, Italien

Dieser frische und fruchtige, aber zugleich gehaltvolle Weißwein aus der Toskana spiegelt die Frische und Würze des Carpaccios wider und macht sich auch ausgezeichnet zu einem Rinder- oder Kalbstatar. Vernaccia ist ein idealer Partner für Olivenöl und Parmesan und verbindet Spritzigkeit und Körper. Ebenso gute Begleiter wären ein Roero Arneis aus dem Piemont mit seiner angenehmen Säure oder ein pfeffriger, fast spitzer Grüner Veltliner aus Österreich. Und die gute Nachricht für Rotwein-Liebhaber: Auch ein mittelschwerer Bordeaux, möglichst noch in den ersten Jahren seiner Entwicklung, passt zum Carpaccio, wenn er ein paar Grad kühler als üblich serviert wird.

- Roero Arneis, Piemont, Italien
- Grüner Veltliner, Kamptal, Österreich
- Grave Cru Bourgeois, Bordeaux, Frankreich

Melone mit Schinken

Saftige Melone und luftgetrockneter Schinken sind ein ausgesprochen schmackhaftes Paar – und nicht von ungefähr eine auf vielen Restaurantkarten zu findende Vorspeise. Vor allem im Sommer bietet diese simple Kombination zugleich fruchtig-frischen wie herzhaft-nussigen Genuss. Am besten eignen sich Honig-, Netz- und vor allem Galia-Melonen mit ihrem festen Fruchtfleisch, idealer Gegenpart ist spanischer Serrano oder italienischer Parma-Schinken.

Pinot Grigio, Borgo Magredo, Friaul, Italien

Selbst mit den Noten von Melonen und Nüssen ausgestattet, fügt sich dieser klassische Pinot Grigio aus dem Friaul harmonisch an die beiden, so unterschiedlichen Bestandteile dieser Speise. Ebenso käme deutscher Grauburgunder in Frage, unerwartet gut präsentiert sich aber auch trockener Riesling-Sekt in Verbindung mit der süßen Melone und dem salzigen Schinken: Anders als extra-trockene Tropfen hat er eine leichte Restsüße, vor allem aber schlagen sich seine prickelnde Frische und seine Anklänge an Quitte und Zitrusfrüchte auf die Seite der Melone und bieten dem Schinken fruchtiges Paroli. Ein halbtrockener Riesling von der Nahe oder aus der Pfalz ist dazu ebenfalls im Stand. Ganz und gar ohne Frucht und Säure, dafür mit nussigen Aromen, die sich geradezu an den Schinken schmiegen, kommt halbtrockener Amontillado Sherry daher.

- Riesling-Sekt trocken, Pfalz, Deutschland
- Riesling Kabinett halbtrocken, Nahe, Deutschland
- Amontillado Sherry, Andalusien, Spanien

Artischocken mit Vinaigrette

Was haben Artischocken und Weißwürste gemein? Richtig: Sie werden gezuzelt. Beim bayerischen Klassiker ist es das Wurstinnere, bei der störrischen Mittelmeerpflanze das fleischige Ende der schuppenartig anliegenden Blätter, die eins nach dem anderen von der gekochten Artischocke gezupft, in Vinaigrette getaucht und abgelutscht werden. Die gekochten Böden werden in vielfältiger Form gegessen – die Weinbegleitung ist wegen der Bittertöne der Artischocke recht schwierig.

Rosé Côtes de Provence, Château de Pampelonne, Provence, Frankreich

Bittere Artischocke, säuerliche Vinaigrette – der Wein zu dieser Vorspeise muss einiges wegstecken können. In der Provence trinkt man Rosé dazu, der federt mit seiner fruchtigen Frische vieles ab. Eine Chance kann man aber auch einem deutschen Müller-Thurgau geben, der mit milder Säure und süffiger Leichtigkeit daherkommt. Gut gekühlter Pinot Grigio wäre eine weitere gute Wahl zur Artischocke, und auch Fino Sherry, denn dieser knochentrockene Bursche muss sich vor nichts fürchten.

- Müller-Thurgau trocken, Rheinhessen, Deutschland
- Pinot Grigio, Venetien, Italien
- Fino Sherry, Andalusien, Spanien

Fleisch- und Wildpasteten

Diese raffinierten Kompositionen aus Fleischstücken, Farce und Gewürzen werden entweder von einem Blätterteigmantel (dann heißen sie Pasteten) oder ohne Hülle (dann nennt man sie Terrinen) in dicken Scheiben und kalt mit einer Salatgarnitur serviert. Meist von kräftiger Würze und nicht zu unterschätzendem Fettgehalt brauchen sie standfeste, aber elegante Begleiter.

Spätburgunder Blauschiefer, Meyer-Näkel, Ahr, Deutschland

Die Ahr, das kleinste deutsche Weinanbaugebiet, bringt auf seinen Schiefer- und Vulkanböden beste Spätburgunder hervor: Schlank und säurereich, erdig und doch samtig und elegant passen sie bestens zu allen Pasteten und Terrinen. Guter Bordeaux wäre eine ebenso lobenswerte Wahl, und auch ein im Barrique ausgebauter Chardonnay aus dem Burgund – vor allem ein Chablis oder ein Pouilly-Fuissé – würde sich mit seinen leichten Vanillenoten gut zur kräftigen Würze dieser Vorspeise machen. Ein etwas außergewöhnlicher, aber perfekter Begleiter: Amontillado Sherry, gekühlt und möglichst trocken.

Chardonnay, Burgund, Frankreich

Saint-Émilion Cru Bourgeois, Bordeaux, Frankreich

Amontillado Sherry, Andalusien, Spanien

Geflügel-Terrinen

Pasteten und Terrinen von Geflügel bekommen ihren fettigen Schmelz und ihr delikates Aroma fast immer von der Leber der Tiere, die in unterschiedlichen Anteilen meist als Farce mit anderen würzigen Zutaten verarbeitet wird. Das Geschmacksbild ist feiner und weniger deftig als bei den meisten Fleischterrinen – da sind Weißweine mit Frucht und Kraft gefragt.

Hattenheimer Wisselbrunnen Riesling Großes Gewächs, Hans Lang, Rheingau, Deutschland

Die zarte Frucht und Säure des Rieslings machen sich sehr gut zu den feinen Aromen und dem Schmelz der Terrinen. Dieser Spitzenwein ist sehr kompakt und extrem schmelzig und hat einen langen Abgang. Ein guter Pinot Gris aus dem Elsaß bietet nicht so viel Frucht, dafür aber ebenfalls genügend Fülle. Und je mehr Leber im Spiel - sprich: in der Terrine - ist, desto besser macht sich auch ein Gewürztraminer mit seinem exotischen Bukett und seinem aromatischen Geschmack. Für Rotwein-Fans kommen Weine aus der Gamay-Traube, also vor allem Beaujolais, in Frage. Sehr gut schmeckt zur Geflügelleber aber auch Pinot Noir.

Pinot Gris, Elsass, Frankreich

Gewürztraminer trocken, Pfalz, Deutschland

Pinot Noir, Wairarapa, Neuseeland

Gänseleber

Die berühmte Foie Gras, die Stopfleber von Gans oder Ente, ist eines der Königsgerichte der Luxus-Gastronomie, vor allem der französischen. Der unnachahmliche, delikate Geschmack dieser Spezialität kommt vor allem in Terrinen und mit Trüffelbegleitung bestens zur Geltung, mitunter wird die Leber aber auch vorsichtig gebraten und in butterweichen Scheiben serviert.

Sauternes, Château Sigalas Rabaud, Bordeaux, Frankreich

Die fettige Würze der Foie Gras sucht einen süßen Begleiter. Die konzentrierte, fruchtige Süße des Sauternes ist die ideale Ergänzung für die Leber. Der enorme Fettgehalt der Foie Gras wird von der samtigen, edelsüßen Kraft und dem hohen Alkoholgrad des Weines eingebunden und gebändigt. Auslesen und Beerenauslesen vom Riesling können das trotz geringerer Alkoholgehalte ebenfalls und steuern noch mehr Fruchtigkeit bei. Einen Versuch wären auch süße Tropfen von der Huxelrebe wert. Zudem passt ungarischer Tokaji Aszu hervorragend. Und die Briten bevorzugen – mit gewisser Berechtigung – besten Port.

- Riesling Beerenauslese, Rheingau, Deutschland
- Tokaji Aszú, Tokaj-Hegyalja, Ungarn
- Tawny Port, Douro, Portugal

Schnecken in Knoblauch

Mit diesen kleinen Klassikern der französischen Küche ist es ein bisschen wie mit der Auster: Entweder man liebt sie, oder man hasst sie. Es gibt zahlreiche Schneckengerichte, aber in der traditionellen Variante werden die Weichtiere in ihrem Haus mit einer Haube aus Knoblauch-Kräuterbutter serviert. Der intensive, sehr erdige Geschmack verlangt nach einem fruchtig, frischen Gegenpart.

Spätburgunder „J", Jungwinzer Mayschoss, Ahr, Deutschland

Dieser junge, leichte Spätburgunder hat beides: fruchtige Jugendlichkeit und erdige Bodenständigkeit. Damit kommt er den Schnecken und ihrem intensiven Geschmack entgegen und ergänzt das Spektrum der Aromen gleichzeitig. In Frankreich gelten die aus der Chardonnay-Traube gekelterten Weißweine aus dem Mâcon in Burgund als die idealen Begleiter der aromatischen Weichtiere, aber auch Riesling aus dem Elsass kann bei diesem Gericht mit seiner lebendigen Frucht punkten. Ebenfalls gut passen Rosé-Weine und spanischer Rueda.

- Mâcon-Villages, Burgund, Frankreich
- Riesling, Elsass, Frankreich
- Rueda, Kastilien, Spanien

Tortilla und Omelette

Eierspeisen sind für alle Weine ein Problem – im Vergleich zu Omelettes haben Tortillas wenigstens den Vorteil, dass ihre deftigen Zutaten das Geschmacksbild dominieren: Kartoffelstückchen, Zwiebeln, manchmal auch Kräuter, Paprika und Stücke von der scharfen Chorizo-Wurst werden in der Rühreimasse verbacken und später lauwarm oder kalt wie ein Stück Kuchen serviert, meistens zusammen mit weiteren Tapas wie Oliven, Schinken und Manchego-Käse.

Amontillado Sherry Medium, Bodegas Rey Fernando, Andalusien, Spanien

Mit seinem vollmundigen, nussigen Aroma ist halbtrockener Amontillado Sherry nicht nur ein guter Begleiter für Tapas aller Art, er kann sich insbesondere sehr gut mit dem gebackenen Ei der Tortilla arrangieren. Selbst ein Omelette, bei dem das Ei noch dominanter hervortritt, ist für diesen klassischen Sherry keine Herausforderung. Unverstärkte, nicht oxidierte Weine haben es da schon schwerer. Am besten würde sich noch ein kräftiger Verdejo aus dem kastilischen Gebiet Rueda oder ein Weißer aus dem Rioja machen. Aber auch badischer Weißburgunder käme in Frage.

- Verdejo, Rueda, Kastilien, Spanien
- Rioja Blanco, Rioja, Spanien
- Weißburgunder trocken, Baden, Deutschland

Mezze

Die orientalische Küche ist ein Universum für sich – Mezze heißen die traditionellen Vorspeisen des Morgenlandes, die es in einer enormen Vielfalt gibt. Linsen, Kichererbsen, Couscous, Joghurt und Minze gehören zu den typischen Zutaten, die mit Gewürzen und Kräutern kombiniert werden. Die meisten Mezze-Gerichte sind vegetarisch und werden vorwiegend kalt serviert, wie zum Beispiel Blätterteigtaschen mit Spinat, Auberginen-Creme, Hummus, gefüllte Weinblätter, Falafel und Taboulé, ein libanesischer Salat aus Petersilie, Bulgur, Tomatenstücken und Zwiebeln.

Blanc de l'observatoire, Château Ksara, Becaa Valley, Libanon

Vielleicht die schönste Möglichkeit für die Begleitung eines orientalischen Menüs ist ein Wein, der selbst orientalische Wurzeln hat, also Tropfen aus Tunesien, Marokko, der Türkei oder dem Libanon. Der Blanc de l'observatoire vom libanesischen Château Ksara zum Beispiel wird aus Sauvignon, Muscat und Clairette gekeltert und passt mit seiner Frische und seiner Aromatik perfekt zum Mezze-Geschmacksbild. Mit seinem expressiven Bukett und seinen exotischen Aromen kommt auch Gewürztraminer in die engere Wahl, ebenso Viognier mit seinen prägnanten Frucht- und Blütennoten. Wer einen Roten bevorzugt, liegt mit spanischem Tempranillo und im Allgemeinen mit der Rebsorte Merlot richtig.

Gewürztraminer, Südtirol, Italien

Viognier, Rhône, Frankreich

Tempranillo, Ribera del Duero, Spanien

Frühlingsrollen

Praktisch überall in Südostasien sind verschiedene Varianten der Frühlingsrolle verbreitet. Meistens werden die fritierten Taschen – ob nun aus Reis- oder Weizenmehlteig – mit Gemüse gefüllt, aber auch mit Hühnchen oder Garnelen. In Öl knusprig ausgebacken und oft mit süßlichen, manchmal scharfen Soßen serviert, sind sie beliebte Snacks und Vorspeisen.

Riesling feinherb, Weingut Langwerth von Simmern, Rheingau, Deutschland

Für die meisten asiatischen Speisen sind Rieslinge mit ihrer frischen Säure und üppigen Frucht bestens geeignet. Vor allem Tropfen mit dezenter Süße kommen der manchmal latent vorhandenen, manchmal dominierenden Schärfe entgegen. Auch zu Frühlingsrollen kann man mit einem halbtrockenen oder feinherben deutschen Riesling keinen Fehler machen. Wenn er dann noch den typischen Schmelz eines Rheingauers hat: umso besser. Auch Silvaner und der vor allem in Baden verbreitete Gutedel passen sehr gut, sie bringen ähnlich viel Frucht ins Glas wie der Riesling, haben aber weniger Säure. Ein guter Begleiter aus Übersee ist südafrikanischer Chenin Blanc.

- Silvaner halbtrocken, Franken, Deutschland
- Gutedel trocken, Baden, Deutschland
- Chenin Blanc, Paarl, Südafrika

Dim Sum

Diese chinesische Variante der Maultasche stammt aus der Provinz Kanton und wird vor allem im Süden und Osten des Riesenreichs in unzähligen Variationen gegessen. Die kleinen Teigtaschen haben meist eine süßsaure oder pikante Füllung aus Fleisch, Gemüse, Fisch oder Meeresfrüchten, es gibt aber auch süße Klößchen. Im Bambustopf gedünstet oder im Wok fritiert, sind sie inzwischen auch in Amerika und Europa immer häufiger zu finden.

Jean Baptiste Riesling Kabinett halbtrocken, Weingut Gunderloch, Rheinhessen, Deutschland

Die Chinesen servieren traditionell Tee zu ihren Häppchen. Wer lieber ein Glas Wein trinken möchte, sollte einen Allrounder wählen, der mit der enormen geschmacklichen Vielfalt der kleinen Teigtaschen zurechtkommt. Junger Riesling mit viel Frucht und einer spritzigen Säure erzeugt einen spannenden Kontrast zu scharfen und stark gewürzten Füllungen und kann sich auch mit intensiven Zutaten wie Ingwer, Koriander und Zwiebeln arrangieren. Fränkischer Rieslaner und Elsässer Gewürztraminer bringen zusätzlich exotische Aromen ins Spiel und wären deshalb auch eine gute Wahl. Eine etwas ausgefallene, aber ebenfalls passende Alternative ist Sancerre Rouge: Aus Cabernet Franc und Pinot Noir gekeltert, hat dieser leichte Rotwein viel Frucht und eine lebendige Säure. Er wird jung getrunken und gekühlt serviert.

Rieslaner trocken, Franken, Deutschland

Gewürztraminer, Elsass, Frankreich

Sancerre Rouge, Loire, Frankreich

Samosas

Auf dem indischen Subkontinent sind Samosas so etwas wie ein Grundnahrungsmittel. Zu fast jeder Mahlzeit werden die dreieckigen Teigtaschen als Vorspeise gereicht, und an praktisch jeder Ecke sind sie als Snack für ein paar Rupien zu bekommen. Es gibt sie in zahllosen Spielarten: In Bengalen isst man Singharas, in Gujarat heißen sie Kachoris und werden mit einer würzigen Hülsenfrucht-Paste gefüllt. Allen Versionen ist gemein, dass sie aus Weizenmehl-Wasserteig bestehen, mit Gemüse, Kartoffeln, Fleisch oder Fisch gefüllt und in siedendem Fett fritiert werden.

Gewürztraminer Alto Adige, Alois Lageder, Südtirol, Italien

Der würzige und oft scharfe Geschmack der knusprigen Teigtaschen rührt von ihrem Ölbad, der stark gewürzten Füllung und den Chutneys, mit denen sie oft verspeist werden. Wie bei fast allen Speisen der indischen Küche sind Weine aus der Gewürztraminer-Traube die idealen Begleiter. Sie spiegeln die exotischen Frucht- und Gewürznoten der Speisen wider. Die besten kommen aus Südtirol, aber auch deutsche und österreichische Gewürztraminer kommen hier in die Wahl. Etwas weniger fruchtig, dafür aber mit blumigen Aromen glänzt Viognier, der vor allem an der Rhône und im Languedoc, aber auch in Südafrika und Kalifornien angebaut wird. Weitere Partner für Samosas wären halbtrockener Silvaner aus Franken oder Rheinhessen und feinherber Riesling.

- Viognier, Languedoc, Frankreich
- Silvaner halbtrocken, Franken, Deutschland
- Riesling feinherb, Rheinhessen, Deutschland

Suppen

Gazpacho

Diese andalusische Spezialität geht auf die maurische Zeit im tiefen spanischen Süden zurück, die heutige Hauptzutat – die Tomate – ist allerdings erst nach der Entdeckung Amerikas dazugekommen. In flüssiges Tomatenpüree werden kleine, ungegarte Stücke von Paprika, Zwiebeln, Gurken und Knoblauch gegeben, dazu Olivenöl und ein Spritzer Essig. Mitunter wird die kalte Suppe sogar mit einem Eiswürfel in der Mitte des Tellers serviert.

Fino Sherry „La Ina", Bodegas Domecq, Andalusien, Spanien

Diese Suppe hat es in sich: pikanter Biss, salzige Schärfe, erfrischende Kühle. Eigentlich muss man zur Gazpacho gar nichts trinken. Eine wunderbare Ergänzung bietet allerdings knochentrockener Fino Sherry mit seinem intensiven Hefe-Aroma. Wer „richtigen" Wein trinken möchte, sollte in der Region bleiben und sich an einen Tropfen aus der Palomino-Fino-Traube halten, aus der auch die Grundweine für die Sherry-Produktion gekeltert werden: Aromatisch sehr zurückhaltend bis neutral bringt zum Beispiel der Blanco Seco von den Bodegas Barbadillo eine unglaubliche Frische ins Glas, die gut zur Suppe passt. Vinho Verde aus dem Norden Portugals ist ähnlich strukturiert, und Sauvignon Blanc mit seinem typischen Duft nach Gras, Zitrus und Stachelbeere und seinem frischen Geschmack geht ebenfalls.

- Palomino Fino, Andalusien, Spanien
- Vinho Verde, Minho, Portugal
- Sauvignon Friuli, Friaul, Italien

Tomatensuppe

Auch als Suppe ist die Tomate wegen ihrer intensiven Säure und der aromatischen Süße ein unbequemer Partner für Wein – und durch das Erwärmen werden diese Eigenschaften noch verstärkt. Püriert und möglicherweise mit Sahne oder Crème fraîche veredelt, verliert die rote Frucht dann allerdings ein bisschen von ihrem Schrecken.

Quinta de Azevedo Vinho Verde, Vinhos Sogrape, Minho, Portugal

Einen Wein mit viel Säure sollte man zur Tomatensuppe auf keinen Fall servieren – im Gegenteil. Ein guter Begleiter für Tomaten in allen Darreichungsformen ist deshalb der extrem frische, aber aromatisch zurückhaltende Vinho Verde aus Portugals Norden. Auch Müller-Thurgau mit seiner zurückhaltenden Säure wäre eine mögliche Wahl. Vor allem wenn er jung ist, kann er die Frische der Tomaten aufnehmen und mit saftig-weicher Frucht einbinden. Sehr gut passt auch Fino Sherry, der vollkommen ohne Süße und Säure auskommt und der Suppe stattdessen mit seinen intensiven Hefearomen eine zusätzliche Dimension gibt. Marsala, gewissermaßen die sizilianische Variante des Sherry, kommt nur in Frage, wenn er trocken ist.

Müller-Thurgau Kabinett trocken, Pfalz, Deutschland

Fino Sherry, Andalusien, Spanien

Marsala Vergine Secco, Sizilien, Italien

Consommé

Das deutsche Wort Kraftbrühe sagt alles: Der klassischerweise aus Rinderknochen oder einem Ochsenschwanz gewonnene, stark eingekochte und anschließend geklärte Sud tut sich nicht nur mit kräftiger, dunkler Farbe, vollem Fleischaroma und kräftiger Würze hervor – er gilt zu recht auch als ausgezeichneter Kraftspender. Die klassische französische Consommé wird stets mit einem Schuss Madeira oder Sherry verfeinert.

Madeira Sercial Dry, Blandy, Madeira, Portugal

Mit einer Consommé kann es eigentlich kein Wein aufnehmen. Eigentlich haben aufgespritete, lange gelagerte Weine wie Madeira und Sherry dazu das Format – und vor allem das nussige Aroma, das den würzigen Geschmack der Bouillon wunderbar ergänzt. Madeira Sercial ist die trockenste Variante von der portugiesischen Atlantikinsel. Etwas subtileren Genuss bietet Amontillado Sherry: In seiner trockenen Version ist er vor allem für weniger kräftige Brühen ein guter Begleiter. Das gilt auch für die körperreichen, alkoholstarken, dem Sherry sehr ähnlichen Weine aus dem südlich von Cordoba in Andalusien gelegenen Anbau-Gebiet Montilla-Moriles. Eine weitere Option ist trockener Marsala aus Sizilien mit seinen Anklängen von Karamell, Walnuss und Kräutern.

- Sherry Amontillado, Jerez, Spanien
- Amontillado Seco, Montilla-Moriles, Andalusien, Spanien
- Marsala Superiore Secco, Sizilien, Italien

Minestrone und Gemüsebrühsuppen

Geschnittene, leicht angeschwitzte Gemüsestückchen von der Karotte über Zucchini und Weißkohl bis zur Kartoffel in einer leichten Brühe: Die Minestrone ist die italienische Variante der fast überall in Europa verbreiteten Gemüsebrühsuppe, die heiß ebenso wie lauwarm und vor allem aufgewärmt am besten schmeckt.

Würzburger Stein Silvaner Kabinett trocken, Juliusspital, Franken, Deutschland

Zur Minestrone schmeckt am besten ein leichter, aromatischer Wein mit zurückhaltender Säure. Silvaner verbindet im besten Fall mineralische Frische, anregende Würze und ausgeprägte Frucht und hat dabei deutlich weniger Säure als zum Beispiel Riesling – das macht ihn zu einem idealen Partner für Gemüse, gerade, wenn es in einer würzigen Brühe schwimmt. Auch Sauvignon Blanc aus Südtirol oder anderen Anbaugebieten passt mit seinem frischen Geschmack ausgezeichnet zu Brühsuppen mit Einlage. Gute Partner sind außerdem nicht zu gehaltvolle und vor allem junge Weißburgunder und Müller-Thurgau aus Deutschland.

- Sauvignon Blanc, Südtirol, Italien
- Weißburgunder Kabinett trocken, Pfalz, Deutschland
- Müller-Thurgau Kabinett trocken, Baden, Deutschland

Gemüsecremesuppen

Spargelsuppe ist der Klassiker, aber auch mit Sahne gebundene Suppen von Erbse, Kürbis, Karotte oder Spinat sind in der deutschen Küche sehr beliebt. Dabei kann das Geschmacksbild erheblich variieren: von der schmelzig-aromatischen Spargel- über die nussig-süßliche Kürbis- bis hin zur tiefwürzigen Spinatsuppe. Die Weinbegleitung muss sich danach richten.

Silvaner Spätlese trocken, Weingut Hans Wirsching, Franken, Deutschland

Zu cremigen Suppen passen leichte, aromatische Weine mit zurückhaltender Säure – trockener Silvaner ist (vor allem für Spargel) die beste Wahl. Die Spätlese von Hans Wirsching hat nicht nur die für diese Rebsorte typische fruchtige Eleganz, mineralische Frische und zarten Schmelz, sie erinnert im Duft sogar leicht an reife Erbsen und passt allein schon deshalb zu allen Gemüsesuppen. Je würziger die Suppenkomposition, desto kräftiger kann auch der Wein sein. Weißburgunder empfiehlt sich zu Erbse und Karotte, Grauburgunder zu Kürbis und Spinat. Und wer es einfach und unkompliziert mag, der öffnet einen jungen Bordeaux Blanc – der kommt mit jeder Variante zurecht.

- Weißburgunder Kabinett trocken, Pfalz, Deutschland
- Grauburgunder trocken, Baden, Deutschland
- Bordeaux Blanc, Bordeaux, Frankreich

Zwiebelsuppe

Ein französischer Klassiker – allerdings mit einer italienischen Verwandten. Die hört auf den Namen „Cipollata“ und wird ebenfalls aus geschnittenen, angedünsteten Gemüsezwiebeln zubereitet. Anders als ihre Schwester aus Frankreich bekommt sie jedoch eine starke tomatige Basis. Die typische „Pariser Zwiebelsuppe“ vereint die Zwiebeln dagegen mit einer intensiven Fleischbrühe und wird entweder mit einer mit Käse bestreuten und gerösteten Weißbrotscheibe serviert oder sogar mit einer Brot-Käsehaube überbacken.

Fine Dry Madeira, Vinhos Justino Henriques, Madeira, Portugal

Der Franzose trinkt zu seiner Zwiebelsuppe mit ihrem intensiven, würzig-süßlichen Aroma einen knackigen Riesling aus dem Elsass, der mit trockener Fruchtigkeit und einer stabilen Säure gegen die deftige Suppe bestehen kann. Deutsche Weine aus dieser Rebsorte kommen selbstverständlich auch in Frage, ebenso wie Elsässer Pinot Gris und sein deutsches Pendant, der Grauburgunder. Der beste Partner für die Zwiebelsuppe aber ist wohl ein trockener Madeira mit seinen Röst-, Gewürz- und leichten Orangennoten – überhaupt eine Wucht zu allen möglichen Brühsuppen, von der Leberknödelsuppe bis zur Minestrone. Apropos Minestrone: Für die tomatige „Cipollata“ wäre auch ein Sauvignon Blanc eine gute Wahl, zum Beispiel aus Südtirol.

- Riesling Kabinett trocken, Mosel, Deutschland
- Pinot Gris, Elsass, Frankreich
- Sauvignon Blanc, Südtirol, Italien

Pilzsuppen

Vollgestopft mit erdigen, an Waldboden und Humus erinnernde Aromen sind Pilze nicht nur eine beliebte Beilage vor allem für Fleisch und Nudelgerichte, sie ergeben auch besonders geschmacksintensive Suppen. Insbesondere Champignons, Pfifferlinge und Steinpilze sind sehr aromatisch und verlangen nach charakterstarken Begleitern.

Amontillado Medium Sherry, Bodegas Williams & Humbert, Andalusien, Spanien

Für eine klare Pilz-Consommé gibt es im Prinzip nur eine Wahl: einen halbtrockenen Amontillado Sherry mit seinen feinen Nussaromen und seiner tiefen, intensiven Würze ergänzt den intensiven Geschmack der Bouillon perfekt. Die dezente Süße ist dabei kein Fremdkörper, vielmehr rundet sie das Gesamtbild wunderbar ab. Aber auch zu einer Cremesuppe auf Pilzbasis ist diese Sherry-Variante sehr gut geeignet. Viel fruchtiger und frischer, aber ebenfalls mit nussigen und würzigen Noten präsentiert sich Chardonnay mit leichter Barrique-Note. Und wer gereiften Riesling – vier oder fünf Jahre alt – schätzt, der wird seinen feinwürzigen Schmelz auch zur Pilzsuppe lieben. Schließlich kommt auch ein Roter in Frage: Junger Frühburgunder von der Ahr, der wie die Pilze ein sehr erdiges Aroma verströmt.

- Chardonnay, Kalifornien, Vereinigte Staaten
- Riesling Spätlese trocken, Pfalz, Deutschland
- Frühburgunder, Ahr, Deutschland

Bouillabaisse

Aromatische Fischstückchen, Muscheln und Garnelen – mitunter auch Langusten und Hummer – in einer kräftigen Fischbrühe, gewürzt mit Knoblauch, Tomaten und Safran: Der in Marseille erdachte deftige Fischeintopf hat längst Einzug in die Gourmandise gefunden, klare Fischsuppen werden heutzutage in vielen Varianten serviert, von rustikal bis edel.

Bandol Rosé, Domaine de l'Hermitage, Provence, Frankreich

Der Wein dazu muss kräftig genug sein, um der Würze begegnen zu können, und leicht genug, um Fisch und Meeresfrüchte nicht zu erschlagen. Zum Beispiel Bandol Rosé aus der Provence, denn der hat nichts gemein mit den rosafarbenden Wässerchen, die im Sommer in jedem Supermarkt zu bekommen sind. Auf den ersten Blick frisch und delikat ist er doch gehaltvoll und aromatisch genug, um die kräftige Bouillabaisse zu begleiten. Wunderbare Partner fast aller mediterranen Fischgerichte sind auch Weine aus der Traube Vermentino, vor allem jene aus Sardinien. Auch ein körperreicher Grauburgunder aus Baden kann es mit einer Bouillabaisse aufnehmen, ebenso wie Chardonnay aus dem Languedoc – ein Barrique-Faß sollten beide aber nicht gesehen haben.

- Vermentino di Sardegna, Sardinien, Italien
- Grauburgunder Spätlese trocken, Baden, Deutschland
- Chardonnay, Languedoc, Frankreich

Hummersuppe

Hummer und Krebse können die Grundlage für sehr delikate, aromatische Cremesuppen bilden. Ihr intensiver Eigengeschmack, der durch das Auskochen des Panzers und der Schalen in einem Sud konzentriert wird, kommt dann in Verbindung mit Butter, Sahne und gegebenenfalls Crème fraîche in der Suppe bestens zur Geltung.

Chassagne-Montrachet, Bernard Moreau, Burgund, Frankreich

Zur intensiven Hummer- oder Krebssuppe muss ein kraftvoller Wein auf den Tisch – am besten ein guter Burgunder, der im Barrique-Fass gereift ist und delikate Röstaromen und buttrige Noten aufweist. Leider sind die besten Weine dieser Region kaum zu bezahlen. Eine fast genauso attraktive, aber deutlich günstigere Wahl sind deshalb die ebenfalls häufig in Barrique ausgebauten Chardonnays Südtirols. Doch auch ein kraftvoller und gereifter Riesling aus dem Rheingau oder von der Mosel (am besten ein Großes Gewächs) oder ein reifer Grüner Veltliner Smaragd aus der Wachau haben genügend Rückgrad für diese Herausforderung.

- Chardonnay, Südtirol, Italien
- Riesling Großes Gewächs, Mosel, Deutschland
- Grüner Veltliner Smaragd, Wachau, Österreich

Muschelsuppe

In Frankreich und an der Nordseeküste finden vor allem Miesmuscheln den Weg in die Suppe. An der amerikanischen Ostküste sind große Venusmuscheln die Grundlage der bekannten Clam Chowder, einer deftigen, sämigen Suppe, die mit Speck, Kartoffelstücken und großen Muscheln mitunter fast einem Eintopf ähnelt. In Europa werden Muschelsuppen und andere gebundene Fischsuppen meist deutlich feiner und mit Sahne zubereitet.

Riesling Charta, Weingut Spreitzer, Rheingau, Deutschland

Riesling mit seiner stabilen Säure und seiner Fruchtigkeit kommt sowohl mit den deftigeren als auch den delikateren Varianten von Muschelsuppen zurecht. Die Charta-Weine aus dem Rheingau mit einem Tick mehr Restsüße als ihre trockenen Kollegen sind echte Allrounder und passen besonders gut. Auch knackiger Albariño aus dem nordwest-spanischen Gebiet Rías Baixas macht sich gut. Außerdem wären trockener, weißer Bordeaux oder Muscadet von der Loire eine passende Wahl.

- Albariño Rías Baixas, Galicien, Spanien
- Bordeaux Blanc, Bordeaux, Frankreich
- Muscadet de Sèvre-et-Maine, Loire, Frankreich

Kartoffelcremesuppe

Die sämige, mit Sahne gebundene Suppe hat einen ausgeprägten, erdigen Charakter, der von der salzigen Würze angebratener Speckwürfel oder knuspriger Weißbrot-Croutons noch unterstützt wird. Bei der spanischen Variante kommen angebratene Scheiben der scharfen Paprika-Wurst Chorizo in die Suppe und geben ihr einen besonders kräftigen Akzent – damit werden nur gehaltvolle Weine fertig.

Grauburgunder trocken, Weingut Karl Heinz Johner, Baden, Deutschland

Die erdigen Noten der Suppe brauchen einen fruchtigen, aber stabilen Gegenpart, der auch über Würze verfügt. Grauburgunder aus Baden präsentiert sich im Idealfall mit zarten Anklängen an geröstetes Brot und verfügt mitunter sogar über eine leicht rauchige Note – jener von Karl Heinz Johner ist perfekt zur Erdapfelsuppe. Auch Pinot Gris aus dem Elsass eignet sich als Begleiter, ebenso wie Chardonnay, der keine oder nur kurze Bekanntschaft mit einem Barrique-Fass gemacht hat. Zur scharfen, spanischen Variante empfiehlt sich dagegen ein spanischer Tropfen: am besten ein kräftiger Verdejo aus dem Rueda-Gebiet, der der Schärfe mit viel Frucht entgegentritt.

- Pinot Gris, Elsass, Frankreich
- Chardonnay, Hunter Valley, Australien
- Rueda Verdejo, Kastilien, Spanien

Gulaschsuppe

Im Grunde ist eine Gulaschsuppe nichts anderes als ein mit Kartoffel- und Paprikawürfeln und Brühe gestrecktes Gulasch. Und das wiederum ist eigentlich ein in Ungarn zum Nationalgericht aufgestiegener Rindfleischtopf, der mit Zwiebeln und Unmengen von Paprikapulver zum deftig-scharfen Schmorgericht geköchelt wird. Hierzulande wird weniger stark gewürzt und wie beim mexikanischen Chili con Carne mitunter auch auf Schweinefleisch und Hack zurückgegriffen.

Blaufränkisch, Weingut Gernot Heinrich, Burgenland, Österreich

Der Ungar trinkt Kékfrankos zu seinem Gulasch, egal, ob Suppe oder Schmortopf. Bei uns heißt die Rebsorte Lemberger, in Österreich Blaufränkisch. Welchen Namen sie auch trägt, sie bringt Weine mit Würze und vor allem einem intensiven Beerenaroma hervor, das das deftige Gericht um eine fruchtige Dimension bereichert. Aber auch andere Weine mit Volumen und Frucht und wenigen Tanninen kommen in Frage: Österreichischer Zweigelt zum Beispiel, aber auch amerikanischer Zinfandel, der sich meist sehr fruchtig und üppig und dazu geschmeidig und weich präsentiert. Halbtrockener Spätburgunder wäre eine weitere Option, und eine andere, allerdings ganz und gar gegensätzlich akzentuierte: trockener Marsala aus Sizilien mit seinen Anklängen von Karamell, Walnuss und Kräutern.

- Zweigelt, Neusiedlersee, Österreich
- Zinfandel, Kalifornien, Vereinigte Staaten
- Marsala Superiore Secco, Sizilien, Italien

Chili con carne

Was irgendwie mexikanisch klingt, ist tatsächlich wohl amerikanischen Ursprungs, wobei Texas, der vermeintliche Geburtsort dieses feurigen, sättigenden Gerichts, in seiner Geschichte schon zu beiden Ländern gehörte. Traditionalisten bezweifeln, dass rote Bohnen klassischerweise mit in den scharfen Eintopf aus Chilis, Hackfleisch, Tomaten und Zwiebeln gehören. Zu finden sind sie dort inzwischen aber eigentlich immer, genau wie Mais und ein Klacks Sauerrahm.

Catena Malbec, Bodega Catena Zapata, Mendoza, Argentinien

Einfacher Bordeaux, aber auch andere Weine mit Cabernet Sauvignon, sind als Chili-Begleiter geeignet. Am besten passt aber wohl argentinischer Malbec, der sich schon mit seinem aufregenden Duft nach Blaubeeren, Holunder und schwarzem Pfeffer als selbstbewußter Partner zeigt. Im Mund hält er mit typischer, tiefer Fruchtigkeit und kraftvollem Rückgrat jedem Löffel des kräftigen Chilis stand. Nicht ganz so wuchtig, aber auch von viel Frucht und Würze geprägt ist kalifornischer Zinfandel. Er eignet sich hier ebenso gut wie spanischer Tempranillo. Eine nicht alltägliche Wahl wäre Fitou, ein kräftiger Rotwein aus dem südfranzösischen Languedoc, die Hauptrebsorte ist Carignan. Er hat Aromen von Wildfrüchten und Noten von Gewürzen und schwarzen Früchten, wärmende Kraft und eine feste Struktur und lässt sich vom Chili nicht so leicht unterbuttern.

- Zinfandel, Kalifornien, Vereinigte Staaten
- Tempranillo, Ribera del Duero, Spanien
- Fitou, Languedoc, Frankreich

Eintöpfe

Ein Kessel Buntes – mit diesem abgedroschenen Spruch kann man wohl die meisten Eintöpfe zusammenfassen. Denn egal, ob es nun der deutsche Pichelsteiner, das Irish Stew der Iren oder der russische Borschtsch sind, Eintöpfe sind fast überall in Europa Produkte der Armenküche, die in einem großen Topf zur gehaltvollen Mahlzeit gekocht werden. Rind-, Schweine- und Lammfleisch, Gemüse und oft auch Bohnen oder Linsen sind dic klassischen Zutaten.

Müller-Thurgau trocken, Weingut Zehnthof, Franken, Deutschland

Beim Eintopf scheiden sich die Geister: weiß oder rot – oder Bier? Ein frisch gezapftes Pils ist sicher kein Fehler, schließlich trinken die Leute von der grünen Insel zum Irish Stew auch am liebsten ihr gutes altes Guinness. Egal wie man sich beim Wein entscheidet, es sollte ein weicher, fruchtiger und leicht zugänglicher Tropfen sein, kein komplizierter Spitzenwein, das wäre für das deftige Alltagsgericht einfach eine Nummer zu fein. Müller-Thurgau zeigt schöne Frucht und hat vor allem eine zarte Muskatwürze, die gut zu Brühen mit Einlage passt. Sein rotes Pendant ist der Spätburgunder, der sich ebenfalls mit viel Frucht, aber auch mit erdigen Tönen präsentiert. Schließlich käme auch ein einfacher Vernatsch aus Südtirol, jung und voller Kirsch- und Mandelaromen, in Frage. Oder doch ein kühles Bier?

Spätburgunder trocken, Rheinhessen, Deutschland

Vernatsch, Südtirol, Italien

Bitburger, Bitburg, Deutschland

Asiatische Nudelsuppen

Brühen mit üppiger Einlage sind in allen Regionen Asiens weit verbreitet. Die japanische Miso und die thailändisch/malayische Laksa sind auch bei uns inzwischen populär, ebenso wie die Nudelsuppen der chinesischen und vietnamesischen Küche. Klassischerweise basieren die Brühen auf würzigen Pasten aus fermentiertem Soja, Algen oder getrockneten Garnelen und sind selten mild, oft sehr würzig und manchmal höllisch scharf.

Villa Loosen Riesling feinherb, Weingut Dr. Loosen, Mosel, Deutschland

Bei der unglaublichen Vielfalt asiatischer Suppen auf Brühebasis ist es ausgesprochen schwer, sich auf einen bestimmten Weinbegleiter festzulegen. Generell gilt: je „asiatischer", desto süßer und aromatischer sollte der Tropfen sein. Eine sehr sichere Wahl ist Riesling. Am besten halbtrocken, denn dann kann er neben seiner spritzigen Säure vor allem seine Fruchtigkeit ausspielen und einen spannenden Kontrast zur meist intensiven Würze der Suppe aufbauen. Auch halbtrockener Gewürztraminer mit seinen exotischen Noten passt fast immer zur asiatischen Küche. In Nudelbars werden immer auch Chardonnays angeboten, geeignet sind aber nur junge, blumig-frische Weine dieser Rebsorte. Zu allen japanischen Suppen ist die beste Wahl Sake, Nippons traditioneller Reiswein, der tatsächlich gar kein Wein ist, aber kalt getrunken überraschend stark an Fino Sherry erinnert.

- Gewürztraminer halbtrocken, Rheinessen, Deutschland
- Chardonnay, Venetien, Italien

Ozeki Junmai Sake, Ozeki, Japan

Kokos-Zitronengras-Suppe

Vor allem in Thailand sind Suppen mit Kokosmilch sehr beliebt – und die Kombination mit Zitronengras hat es in Europa sogar in die Hochküche geschafft, meist mit Garneleneinlage. Doch auch andere Meeresfrüchte, zarte Hühnchenstreifen und sogar Ente lassen sich von der cremigen, intensiv nach Kokos und Zitrone schmeckenden Suppe gern umschmeicheln.

Niersteiner Rosenberg Riesling feinherb, Georg Gustav Huff, Rheinhessen, Deutschland

Zu Suppen dieser Art gibt es eigentlich nur eins: halbtrockenen, deutschen Riesling. Seine Stärke ist seine intensive Frucht, die einen wunderbaren Kontrast zur vollmundigen Aromenvielfalt der Suppe herstellt. Außerdem kann der Wein mit seinem Schmelz und seiner Säure die Süße der Kokosmilch und die bei fast allen asiatischen Suppen anzutreffende Schärfe wunderbar einbinden. Junge Weine aus den Neuzüchtungen Kerner und Scheurebe, die vor allem in Rheinhessen und der Pfalz angebaut werden, haben eine ähnlich akzentuierte Säure und viele Fruchtnoten von Apfel über Birne bis Aprikose zu bieten. Eine Alternative stellt auch Gewürztraminer mit seinem floralen Bukett und seiner exotischen Aromatik dar. Weniger Süße, dafür aber ausladende Noten von Stachelbeere, Zitrusfrucht, Grapefruit und Maracuja zeigt Sauvignon Blanc aus Chile.

- Scheurebe Spätlese trocken, Pfalz, Deutschland
- Gewürztraminer, Elsass, Frankreich
- Sauvignon Blanc, Colchagua Valley, Chile

Gemüse

Antipasti

Als Vorspeise werden in Italien traditionell verschiedene Antipasti aufgetragen, kleine, meist kalte Gerichte – gegrilltes oder gebratenes und in Öl und Knoblauch eingelegtes Gemüse ist immer dabei: Paprika, Zucchini, Aubergine, Pilze, manchmal auch Fenchel oder getrocknete Tomaten. In vielen Restaurants werden diese Antipasti in einer Vitrine präsentiert und als gemischte Vorspeise auf einem Teller serviert.

„Villa Solaris" – Vermentino di Sardegna, Cantina Sociale di Santadi, Sardinien, Italien

Gemüse in Öl bietet eine ganze Palette von Geschmackseindrücken: Röstaromen vom Grill, tiefe Würze von Knoblauch, Salz und grobem Pfeffer, aber auch süßliche Noten, die vor allem Paprika und Zucchini zueigen sind. Dazu muss ein Wein voller fruchtiger Frische, aber auch Kraft und Aromatik ins Glas. Sardischer Vermentino bietet das in Perfektion: Mit seiner blumigen, fruchtigen Nase und seinem Geschmack mit Grapefruit- und Salbeitönen und einem leicht salzigen Nachklang passt er sehr gut zu Gegrilltem. Auch ein Arneis aus dem piemontesischen Gebiet Roero – sehr frisch und fruchtig mit zurückhaltender Säure – oder ein Gavi di Gavi aus der gleichen Region wären eine gute Wahl; ebenso toskanischer Vernaccia di San Gimignano. Wer einen deutschen Wein trinken möchte, sollte Grauburgunder nehmen, besser aber passt Grüner Veltliner aus Österreich.

- Roero Arneis, Piemont, Italien
- Vernaccia di San Gimignano, Toskana, Italien
- Grüner Veltliner, Weinviertel, Österreich

Tempura-Gemüse

Das Fritieren von Gemüse, Pilzen, Kräutern aber auch Fleisch und Fisch in einem Teigmantel ist keine Erfindung der Japaner, aber ihr Name dafür – Tempura – ist inzwischen auch in Europa ein Begriff. Dabei bekommt vor allem rohes Gemüse wie Paprika, Frühlingszwiebeln, Blumenkohl oder Lauch eine herzhafte, knusprige Kruste.

Steinmeer, Scheurebe trocken, Weingut Fogt, Rheinhessen, Deutschland

Zu fritiertem Gemüse kann man nur Weißwein trinken – und am besten einen der viel Frucht und Spritzigkeit mit sich bringt. Riesling wäre eine gute Wahl, mit ihrer enormen Aromenvielfalt sollte hier aber eher noch eine trockene Scheurebe zum Zuge kommen. Sie passt gut zu den vegetativen Noten von Lauch, Paprika, Auberginen und anderem Gemüse, kann aber auch gut mit der öligen Teighülle umgehen. Silvaner mit seiner zurückhaltenden Säure ist dazu ebenfalls imstande. Auch Gutedel aus Baden oder Schweizer Fendant – beide werden aus der gleichen Traubensorte gekeltert – können hier mit viel Frucht und Lebendigkeit punkten. Eine ganz andere, eher florale, mediterrane Note bringen dagegen die reinsortig aus Verdejo gewonnenen Weißweine aus dem spanischen Rueda ins Spiel.

- Silvaner halbtrocken, Franken, Deutschland
- Gutedel trocken, Baden, Deutschland
- Verdejo, Rueda, Kastilien, Spanien

Quiche und Zwiebelkuchen

Die aus der Lothringer Küche stammende Quiche ist im Prinzip nichts anderes als ein Mürbeteigkuchen, allerdings mit einer deftigen statt mit einer süßen Füllung. Meist werden Lauch, Zwiebeln und/oder Spinat, in einer würzigen Eiermilch und manchmal auch unter Zugabe von Käse als Auflage gebacken, zur klassischen Quiche Lorraine kommt außerdem immer Speck.

Riesling d'Alsace, Lucien Albrecht, Elsass, Frankreich

Kalt oder warm serviert, ist die Quiche ein idealer Snack zum Wein. Und egal, ob sie nun mit Spinat, Spargel, Lauch oder stattdessen – wie beim Zwiebelkuchen – vor allem mit Zwiebeln gefüllt ist, trinkt man am besten einen knackig-fruchtigen Riesling aus dem Elsass zu dieser deftigen Spezialität: Er spiegelt die süßliche Würze der Zwiebeln wider, versteht sich aber auch mit anderem Gemüse. Deutsche Rieslinge kommen natürlich auch in Frage. Eine weitere Möglichkeit wäre die im Gebiet Saale-Unstrut anzutreffende Cuvée von Riesling und Traminer, die in der Nase Anflüge von Muskat und Rosenblüten bietet und sich im Mund feinfruchtig, saftig und mit nerviger Säure zeigt. Schließlich ist auch ein deutscher oder elsässer Grauburgunder kein Fehler – aber Riesling bleibt die erste Wahl.

- Riesling Kabinett trocken, Pfalz, Deutschland
- Riesling/Traminer, Saale-Unstrut, Deutschland
- Pinot Gris, Elsass, Frankreich

Gemüse-Terrinen

Kunstvoll gestaltete Terrinen von verschiedenen Gemüsesorten sind eine aufwendige, aber delikate und leichte Vorspeise. Nur leicht blanchiert wird das in Streifen geschnittene Gemüse in einer Form mit einem würzigen Gelée oder einer schaumigen Farce umhüllt und anschließend gut gekühlt. Die feste Terrine wird erst kurz vor dem Servieren in dicke Scheiben geschnitten und meist mit Salat und Kräutern dekoriert.

Sauvignon Friuli Isonzo, Tenuta Villanova, Friaul, Italien

Sauvignon Blanc ist ein Gemüse-Versteher. Selbst knackig und frisch zeigt diese Traubensorte schon im Duft „grüne" Noten nach Gras und Stachelbeere und am Gaumen Anklänge an frische Paprika und Salbei. Im norditalienischen Friaul werden sehr typische Weine dieser Art gemacht. Deren feiner Charakter verbindet sich ideal mit den Aromen der eher zurückhaltend gewürzten Terrine. Etwas mehr mineralische Frische und anregende Würze sowie ausgeprägte Frucht bietet Silvaner, der ebenfalls zu den Gemüse-Freunden zählt. Das Gleiche kann man auch über die zartfruchtige Chasselas-Traube sagen, die bei uns Gutedel heißt, in der Schweiz Grundlage des Fendant ist und mit floralen Anklängen und milder Säure punktet. Aber auch Riesling mit seiner rassigen Säure harmoniert gut mit diesem Gericht.

- Silvaner Kabinett trocken, Rheinhessen, Deutschland
- Fendant du Valais, Wallis, Schweiz
- Riesling Kabinett trocken, Pfalz, Deutschland

Spargel

Kein anderes Saisongemüse ist hierzulande dermaßen beliebt. Wenn die Spargelzeit anbricht, herrscht Ausnahmezustand auf deutschen Wochenmärkten. Unterirdisch gewachsen, umsichtig geschält und in sprudelndem Wasser gegart, sind die langen Sprossen ein Hochgenuss ohne Gleichen. Entscheidend für die Wahl des richtigen Weins ist die Soße, die zum Spargel serviert wird, sei es nun geschmolzene Butter, feine Sauce Hollandaise oder deftige Gribichesauce.

Silvaner Spätlese trocken, Fürstlich Castell'sches Domänenamt, Franken, Deutschland

Die Bitterstoffe, die das weiße und grüne Stangengemüse mal mehr, mal weniger enthält, machen die Wahl des Begleiters nicht so einfach, wie man denken könnte. Manche Weine schmecken nämlich metallisch mit frischem Spargel – mitunter auch solche, die explizit als „Spargelwein" angepriesen werden. Am besten geht noch immer der Klassiker: Silvaner aus Franken – zum Beispiel vom Spitzenweingut Castell. Mit dezenter Frucht, zurückhaltender Säure und weicher Kraft lässt er den Spargel zur Entfaltung kommen. Das gelingt auch einem Riesling, der durchaus feinherb sein darf. Und auch Muscat d'Alsace mit seiner enormen Frische und einer feinen Bitternote passt gut. Ein etwas kostspieligerer, aber dafür auch großartiger Spargel-Begleiter ist schließlich Condrieu, ein großer geschmeidiger Wein aus dem Rhônetal.

- Riesling Kabinett feinherb, Rheingau, Deutschland
- Muscat d'Alsace, Elsass, Frankreich
- Condrieu, Rhône, Frankreich

Frankfurter Grüne Soße

Sieben Kräuter gehören in diese klassische Soße, die in Frankfurt und Umgebung mit Salzkartoffeln und hartgekochten Eiern serviert, aber auch zu Fleisch und mitunter sogar Fisch gereicht wird: Borretsch, Kerbel, Kresse, Petersilie, Pimpinelle, Sauerampfer und Schnittlauch – beim Dill scheiden sich die Geister. Kleingehackt und mit Schmand, Senf, Ei und ein wenig Essig vermengt, entfalten die Kräuter ihr volles Aroma.

Riesling Kabinett trocken, Weingut Prinz von Hessen, Rheingau, Deutschland

Die würzige Grüne Soße mit ihrem Schmelz ist sehr vielseitig und auch als Beigabe für Fleischgerichte wie Schnitzel oder Tafelspitz eine Wucht. Rheingauer Riesling mit seiner schmelzigen Frucht, seiner ausgeprägten Mineralik und seiner festen Säure passt dazu sehr gut, er lässt sich von der kräutrigen Breitseite nicht unterbuttern, wird mit seiner Frische aber auch nicht zu dominant. Rieslinge aus anderen deutschen Anbaugebieten kommen selbstverständlich auch in Frage. Deutlich säureärmere Varianten wären Silvaner und Müller-Thurgau, die mit ihrer frischen Fruchtigkeit auch zu vielen anderen Gemüsegerichten eine gute Figur machen. Der wahre Frankfurter trinkt zu seiner Grie Soß allerdings nichts von alledem – er bestellt sich einen Schoppen Ebbelwei, sauergespritzt.

Silvaner Kabinett trocken, Baden, Deutschland

Müller-Thurgau Kabinett trocken, Franken, Deutschland

Apfelwein, Kelterei Possmann, Frankfurt, Deutschland

Leipziger Allerlei

Dieses Gemüsegericht hat seinen Ursprung der Legende nach tatsächlich in Leipzig, nachzuprüfen ist das aber kaum noch. Außerdem wird traditionelles Leipziger Allerlei heute leider nur noch selten serviert, denn neben Erbsen, Karotten und Spargel gehören in das sahnige Ragout auch Morcheln und Flusskrebse, was die Sache ziemlich fein und vor allem teuer macht.

Weißburgunder Spätlese trocken, Schloss Proschwitz, Sachsen, Deutschland

Zu diesem im besten Fall sehr delikaten Gericht, das auch als Beilage etwa zum Kalbsbraten nichts von seinem Charme verliert, ist ein feinwürziger Weißburgunder aus dem wieder aufstrebenden sächsischen Weinbau genau das richtige. Nicht polternd gehaltvoll, sondern rassig, schmelzig und extraktreich zeigt sich dieser ausgewogene Wein von Schloss Proschwitz im Zusammenspiel mit den verschiedenen Elementen des Allerleis. Silvaner aus Franken hat ähnliche Qualitäten und passt sowohl zu den vegetativen Noten des Gerichtes als auch zum sahnigen Schmelz, der das Gemüse, die Pilze und die Flußkrebse umfängt. Auch leichte Rieslinge machen eine gute Figur, ebenso wie der aus dem Piemont stammende Gavi di Gavi mit seinen floralen und fruchtigen Noten und seiner zurückhaltenden Säure.

- Silvaner Spätlese trocken, Franken, Deutschland
- Riesling Kabinett trocken, Pfalz, Deutschland
- Gavi di Gavi, Piemont, Italien

Gemüseaufläufe

Für die Zubereitung von Gemüse im Ofen gibt es unzählige Möglichkeiten. Die in der deutschen Küche gängigste ist der Auflauf mit Sahne und Käse. Dafür werden meist Blumenkohl, Broccoli, Kartoffeln und Lauch, aber auch Karotten und Erbsen mit einer würzigen Soße aus Sahne und Eigelb übergossen, mit reichlich Käse bestreut und in der Röhre gebacken.

CF Silvaner trocken, Weingut Fürst Löwenstein, Franken, Deutschland

Weine mit einer zurückhaltenden Säure und ausgeprägter Fruchtigkeit passen gut zu allen Gemüsegerichten, Silvaner versteht sich außerdem gut mit dem intensiven Schmelz von Sahne und Käse. Ein ebenso unkomplizierter und mit viel Frucht ausgestatteter Begleiter wäre der bei vielen Weinfreunden zu Unrecht als Billigheimer in Verruf geratene Müller-Thurgau – allerdings sollte es ein Tropfen von einem Winzer sein, der weiß, was er tut. Schließlich kann man zum Gemüseauflauf auch Weißburgunder oder einen jungen Chardonnay ohne Barrique-Note trinken. Zu mediterranen Varianten, die nicht mit Sahne, sondern mit einer Tomatenbasis zubereitet werden, sollte man einen Roten trinken: geschmeidigen, fruchtbetonten Dolcetto aus dem Piemont zum Beispiel.

- Müller-Thurgau Kabinett trocken, Franken, Deutschland
- Weißburgunder trocken, Pfalz, Deutschland
- Dolcetto d'Alba, Piemont, Italien

Sauerkraut

Im Elsass ist „Choucroute Garnie“ ein Klassiker: Kraut mit einer deftigen Schlachtplatte. Auch gebratener Zander wird oft auf Sauerkraut serviert – in Deutschland vor allem Kassler, sprich gepöckeltes Schweinefleisch, Räucherspeck, Nürnberger Würstchen, Blut- und Leberwurst. Gemüse ist wegen seiner relativ hohen Säurekonzentration ohnehin manchmal ein Problem für die begleitenden Weine – Sauerkraut aber macht die Sache richtig schwer.

Riesling trocken, Weingut Christmann, Pfalz, Deutschland

Beim Sauerkraut führt kein Weg am Riesling vorbei. Vor allem jener aus der Pfalz arrangiert sich gut mit dem säuerlichen Kohlhobel. Er sollte robust und säurebetont sein, dann kommt er auch gut mit den deftigen Beilagen zurecht. Natürlich kann man zum Kraut auch einen Elsässer oder Rheingauer Riesling trinken, insbesondere in Frankfurt, wo Sauerkraut traditionell mit Rippchen gegessen wird. Trotz ihrer zurückhaltenden Säure kommen aber auch Weißburgunder und Grauburgunder aus dem Elsass oder Deutschland in die engere Wahl. Und wenn es nicht unbedingt ein Traubenwein sein muss, dann sei allen Sauerkraut-Fans an dieser Stelle ein schöner spritziger Ebbelwei aus Hessen ans Herz gelegt.

Riesling d‘Alsace, Elsass, Frankreich

Weißburgunder trocken, Nahe, Deutschland

Apfelwein, Landkelterei Höhl, Hochstadt, Deutschland

Grünkohl mit Pinkel

Derb und fett, aber auch nahrhaft und gesund – vor allem im nördlichen Niedersachsen und Schleswig-Holstein verbreitet, ist Grünkohl ein im Rest der Republik oft unterschätztes Wintergemüse, das erst nach dem ersten Frost genießbar wird. In Oldenburg und Bremen wird zum grünlich-braunen Kohl Pinkel eine geräucherte Schweinegrützwurst gegessen, in der Lüneburger Heide die ähnlich rustikale Bregenwurst; oft kommen auch Kassler und Schweinebauch dazu.

Dornfelder halbtrocken, Weingut Neiss, Pfalz, Deutschland

Trotz der mitunter kräftigen Räucheraromen, die die Würste zum Geschmacksbild beisteuern, ist der herbe Kohl der Referenzpunkt für den begleitenden Tropfen – wobei man klar sagen sollte: Wer nicht unbedingt auf Wein besteht, der sollte ein gutes Pilsener zu diesem Traditionsgericht trinken. Für Weine ist das viele Fett von Wurst und Fleisch, die deutlichen Bitternoten und die Säure des Kohls und die Süße der dazu gereichten, karamellisierten Bratkartoffeln eine enorme Herausforderung. Überraschend gut schlägt sich halbtrockener Dornfelder, der mit seiner saftigen Milde und den dichten Fruchtaromen nicht untergeht, sondern einen interessanten Kontrapunkt setzt. Feinherber Spätburgunder – jung und frisch – kann das auch. Und wer ganz mutig ist, wählt halbtrockenen Riesling, der mit viel Frucht, deutlicher Säure und ein bisschen Süße dagegenhält.

Spätburgunder halbtrocken, Baden, Deutschland

Riesling halbtrocken, Rheinhessen, Deutschland

Beck's, Bremen, Deutschland

Pilze

Für Biologen sind Pilze weder Tiere noch Pflanzen – kulinarisch gesehen fallen sie in die Kategorie „Gemüse“ und sind deshalb auch im Laden und auf dem Wochenmarkt in der Nähe von Salaten und Tomaten zu finden. Vor allem Edelpilze wie Champignons, Pfifferlinge und Steinpilze sind sehr aromenstark und verraten mit ihrem erdigen Waldgeschmack freizügig ihre Herkunft, selbst wenn sie aus der Zucht kommen.

Grauburgunder Barrique, Weingut Peth-Wetz, Rheinhessen, Deutschland

Eine deftige Pilzpfanne - ob nature oder mit Sahne verfeinert - steckt voller tiefwürzigem Aroma. Nur ein Wein mit viel Gehalt und Kraft kann sich da bemerkbar machen und eigene Akzente setzen. Der im kleinen Holzfass ausgebaute Grauburgunder vom Weingut Peth-Wetz ist dazu in der Lage, denn die Vanille- und Toasttöne harmonisieren nicht nur bestens mit den Pilzaromen, sie passen auch zum sahnigen Schmelz der Soße. Auch Weißburgunder weisen eine gewisse nussige Verwandtschaft zum Pilzgeschmack auf und sind deshalb gute Begleiter - auch und gerade, wenn sie in Barrique ausgebaut wurden. Einen Versuch wert sind drei oder mehr Jahre lang gereifte Rieslinge. Und zu Pilzen ohne Sahne würde auch ein leichter deutscher Spätburgunder oder ein Pinot Noir eine gute Figur machen.

- Pinot Bianco, Friaul, Italien
- Riesling Spätlese trocken, Rheingau, Deutschland
- Bourgogne Pinot Noir, Burgund, Frankreich

Pommes Frites

Abgesehen von der Pizza gibt es wohl kein Gericht, das international so verbreitet ist: Pommes Frites, French Fries, Frites – wie man sie auch nennt, am Ende sind es nur fritierte Kartoffelstäbchen. Erfunden haben diese Massenspeise die Belgier, in den letzten Winkel der Welt bringen sie die Amerikaner mit ihren Fastfood-Ketten. In Holland und Belgien isst man dazu Mayonnaise und rohe Zwiebeln, in weniger kultivierten Gegenden auch Ketchup.

Zinfandel Gallo Family Vineyards, Ernest & Julio Gallo, Kalifornien, Vereinigte Staaten

Kein Mensch trinkt Wein zu Pommes. Zu den heißen, im besten Fall knusprigen, im schlimmsten Fall von Fett triefenden Kartoffelstiften gönnt sich der normale Mitteleuropäer ein Bier. Auf dem Kontinent vorzugsweise Pils, auf den britischen Inseln eher Ale. Wein und Fritten begegnen sich meist nur, wenn letztere zur Beilage degradiert mit einem Hamburger oder einem Stück Fleisch auf den Teller kommen. Dann empfiehlt sich einfacher amerikanischer Zinfandel mit seinen Beerenaromen und seiner leichten Würze, auch namenloser Merlot aus den Tiefen der südfranzösischen Provinz oder aus der neuen Welt kommt in Frage. Wird panierter Fisch mit Pommes serviert, geht auch ein einfacher Weißwein, ein trockener Riesling vielleicht.

Riesling trocken, Pfalz, Deutschland

Astra Urtyp, Holsten-Brauerei, Hamburg, Deutschland

Newcastle Brown Ale, Newcastle upon Tyne, Großbritannien

Gemüse-Currys

Curry ist nicht gleich Curry. Grundsätzlich zu unterscheiden sind indische Currys, die auf einer Masala genannten Gewürzmischung basieren und dem in Europa gemeinhin als Curry bezeichneten Geschmacksbild entsprechen, und Thai-Currys, die mit Gewürzpasten zubereitet werden, die deutlich süßer und fruchtiger sind. Gemüse-Currys sind meist milder und weniger gehaltvoll als jene mit Fleisch.

Gewürztraminer, Kellerei Tramin, Südtirol, Italien

Oft goldgelb, aromatisch und sehr körperreich ist Gewürztraminer aus Südtirol ein erstklassiger Partner für asiatische Speisen. Mit seinen Noten von Rosenblättern, Zimt und Nelken, aber auch exotischen Früchten, ergänzt er die ohnehin breite Aromatik von Curry-Gerichten noch. Auch andere Weine mit viel spielerischer Frucht sind eine gute Wahl, halbtrockener Bacchus zum Beispiel. Er bringt spritzige Frische ins Spiel und kann mit dezenter Süße die nicht selten ausgeprägte Curry-Schärfe abfedern. Auch Sauvignon Blanc mit Stachelbeer- und Zitrusaromen kommt in Frage, und ein Geheimtipp für fast alle asiatischen Gerichte ist Muskateller mit seiner blumigen Nase und seinem ausgeprägten, feinwürzigen Muskatton.

- Bacchus halbtrocken, Rheinhessen, Deutschland
- Sauvignon Blanc, Malborough, Neuseeland
- Muskateller trocken, Neusiedler See, Österreich

Tofu

Er ist der Star der Vegetarier- und Veganer-Gemeinde: Tofu ist fettarm, enthält viele Vitamine und Mineralstoffe und ist vergleichsweise günstig. In Asien ist die aus Sojabohnen-Püree gewonnene Masse, die optisch und von der Konsistenz an Feta-Käse erinnert, seit Jahrhunderten Bestandteil der Küche, in der westlichen Welt hat er vor allem als Fleischersatz Karriere gemacht. Unverarbeiteter Tofu ist geschmacksneutral und bietet zahllose Möglichkeiten zur Verarbeitung und Würzung.

Waterside Chardonnay „unoaked", Graham Beck, Coastal Region, Südafrika

Die Weinbegleitung hängt davon ab, in welcher Form und mit welchen Zutaten der Sojakäse auf den Tisch kommt. Ist er Bestandteil von asiatischen Gerichten, passen am besten fruchtige, aromatische Weißweine, wird Tofu als Fleischersatz gegrillt, gebraten oder geräuchert, können auch Rotweine zum Zuge kommen. Dabei ist zu beachten, dass sich das Eiweiß des Tofu nicht mit starken Gerbstoffen und intensiver Säure verträgt. Rieslinge und in Barrique ausgebaute Rotweine sind deshalb zu meiden. Ein guter weißer Begleiter wäre Chardonnay ohne Barrique-Ausbau, zum Beispiel aus Südafrika. Ebenso universell einsetzbar ist fruchtiger Rosé, etwa aus Spanien. Wer Rotwein bevorzugt, sollte zu einem leichten deutschen Spätburgunder greifen oder einen Tropfen aus der südtiroler Vernatsch-Traube wählen.

Rosado, La Mancha, Spanien

Spätburgunder trocken, Rheingau, Deutschland

Vernatsch, Südtirol, Italien

Pizza – Pasta – Reis

Pizza

Ein Alltagsessen, das es an jeder Straßenecke gibt – oft genug in miserabler Qualität. Aber selbst die guten, in einer Pizzeria im Steinofen gebackenen Exemplare sind selten kulinarische Höhenflüge. Eigentlich geht dazu jeder einigermaßen anständige italienische Rotwein. Wegen der Tomatensoße, die allen Weinen wegen ihrer Säure gewisse Schwierigkeiten bereitet, sollte es kein großer Tropfen sein – das wäre zu schade.

Montepulciano d'Abruzzo, Cantina Zaccagnini, Abruzzen, Italien

Zum rustikalen Essen einen rustikalen Wein: Montepulciano d'Abruzzo wird – wie der Name schon sagt – in den Abruzzen aus der Rebsorte Montepulciano gekeltert. Er ist meist ein einfacher, leicht zugänglicher Tischwein und geht zur Pizza runter wie Öl. Auch Valpolicella mit seiner intensiven Kirschfrucht und frischen Säure hat keine Probleme mit der Tomatensoße und kann sowieso so manches wegstecken, auch Gemüse, Artischocken, Kochschinken und was sonst noch so als Auflage in Frage kommt. Weißweine sollte man nur servieren, wenn die Pizza überwiegend mit Meeresfrüchten belegt ist, und auch dann nur sehr kräftige und robuste. Aber mit Roten kann man nichts falsch machen: Barbera aus dem Piemont geht problemlos, und Chianti aus der Toskana natürlich auch.

- Valpolicella Classico, Venetien, Italien
- Barbera d'Alba, Piemont, Italien
- Chianti Classico, Toskana, Italien

Flammkuchen

Die Tarte Flambée ist die elsässer Variante der Pizza. Allerdings ist der Teig deutlich dünner und knuspriger und die Auflage schlichter: Auf einem Bett von Crème fraîche werden Zwiebel- und Speckwürfel verteilt – fertig. Der gastronomische Siegeszug des Flammkuchens in den vergangenen Jahren hat zahlreiche weitere Varianten hervorgebracht, zum Beispiel mit Lachs oder Spinat.

Riesling d'Alsace Réserve, Gustave Lorentz, Elsass, Frankreich

Zum Flammkuchen gibt es nur eine Wahl: Riesling. Die knusprige, bei großer Hitze nur ein paar Minuten gebackene Vespermahlzeit bekommt durch den Speck und die Zwiebeln einen salzig-deftigen Geschmack, der von der fruchtig-mineralischen Spritzigkeit der Elsässer Rieslinge perfekt ergänzt wird. Auch deutsche Tropfen aus dieser Rebsorte bilden mit Flammkuchen eine geniale Kombination, vor allem jene aus der Pfalz. Wer die ausgeprägte Säure dieser Weine nicht mag oder schlecht verträgt, dem sei Grauburgunder ans Herz gelegt, am besten Pinot Gris aus dem Elsass. Eine ungewöhnliche Verbindung mit Flammkuchen geht feinherber Spätburgunder ein. Das klingt gewagt, funktioniert aber tatsächlich erstaunlich gut – am besten, wenn der Wein leicht gekühlt auf den Tisch kommt.

Riesling trocken, Pfalz, Deutschland

Pinot Gris, Elsass, Frankreich

Spätburgunder feinherb, Ahr, Deutschland

Pasta mit Tomatensoße

Die Nudel ist der Inbegriff der italienischen Küche. Und Pasta mit Tomatensoße ist der Klassiker des Klassikers. Von der nur leicht gesalzenen, pürierten roten Soße für die Kindernudeln bis zur intensiv gewürzten, scharfen Arrabiata-Variante sind der Phantasie keine Grenzen gesetzt. Für den begleitenden Wein allerdings sind Tomaten – egal in welcher Form – wegen ihrer intensiven Säure und aromatischen Süße eine gewisse Herausforderung.

„Costalunga" Barbera d'Asti, Bersano, Piemont, Italien

Die aus dem norditalienischen Piemont stammende Barbera-Traube ist eine der wenigen Freundinnen der Tomate. Auch die einfachen Weine aus dieser hochwertigen Rebsorte verströmen den typischen Duft nach frischen Kräutern und Brombeeren und bieten am Gaumen saftige Frucht ohne viel Tannin. Auch vollfruchtiger Valpolicella mit seinen ausgeprägten Aromen von Kirsche, Brombeere und Blaubeere und seinem feinen, weichen Schmelz lässt sich von der Tomate nicht weiter beeindrucken - ebenso wenig wie Bonarda aus der Lombardei. Außerdem kommen auch die in Sardinien aus der Monica-Traube gekelterten Weine mit ihrer angenehmen Fruchtigkeit und Aromen von Sauerkirschen und anderen roten Früchten sowie einer delikaten Kakaonote zur Tomatenpasta gut zur Geltung. Und wer einen Weißen bevorzugt, liegt mit frischem Soave Classico aus dem Friaul richtig.

- Valpolicella Classico, Venetien, Italien
- Monica di Sardegna, Sardinien
- Soave Classico, Friaul, Italien

Pasta mit Pesto

Noch so ein Klassiker der Pasta-Küche. Es gibt in Italien zahllose Pesto-Varianten, die bekannteste ist Pesto alla genovese, also nach Genueser Art. Dafür werden frisches Basilikum, geröstete Pinienkerne, Parmesan, Knoblauch und Olivenöl zu einer sämigen Paste verarbeitet und kalt über die heißen Nudeln gegeben. Schnörkelloser geht es kaum.

Vermentino Colli di Luni, Cantine Lunae, Ligurien, Italien

Die Vermentino-Traube stammt eigentlich aus Spanien, ist aber inzwischen auch in Italien verbreitet, vor allem in Ligurien, auf Sardinien und Korsika. Sie besticht durch strohgelbe Farbe und elegantes Bouquet. Frisch und harmonisch im Mund hat Vermentino stets einen leicht bitteren Unterton, der sich erstklassig mit den Kräuteraromen des Pesto versteht. Auch Verdicchio mit seinen Noten von feinen Kräutern und dezenter Frucht passt sehr gut zum robusten, würzigen Geschmack dieses Gerichts. Ebenso kann Sauvignon Blanc überzeugen, der ein breites fruchtiges Aromenspektrum und ebenfalls Noten von Gräsern und Kräutern zeigt. Gut zu Pesto gehen außerdem alle Weine aus der Sangiovese-Traube, die vor allem im Chianti eine zentrale Rolle spielt, aber auch in vielen anderen Gegenden Italiens angebaut und zu fruchtig-würzigen Rotweinen gekeltert wird – zum Beispiel in Umbrien oder in der Emilia-Romagna.

- Verdicchio, Marken, Italien
- Sauvignon Friuli, Friaul, Italien
- Sangiovese di Romagna, Emilia-Romagna, Italien

Pasta mit Meeresfrüchten

Spaghetti mit Muscheln – überall an der italienischen Küste wird dieser Pasta-Klassiker angeboten. Gewürzt mit Knoblauch, Kräutern und Olivenöl gehen aber auch viele andere Meeresfrüchte eine deftig-frische Verbindung mit den Nudeln ein. Dazu bloß keinen Kraftprotz, sondern einen Wein mit viel Frische und unaufdringlichem Aroma.

Verdicchio Macrina, Garofoli, Marken, Italien

Der Verdicchio kommt auf leisen Sohlen daher. Mit seinem zarten Duft von Kräutern und Frucht trumpft er nicht auf, zeigt dann am Gaumen aber bei aller Frische eine angenehme Fülle und eine Würzigkeit, die den feinen Meeresfrüchtegeschmack des Nudelgerichts nicht überlagern, sondern unterstützen. Die leichten und für diese Rebsorte typischen Bittertöne im Abgang befördern dieses Zusammenspiel noch – genau wie beim Soave Classico. Auch der zeigt dezente Mandeltöne und hat ebenfalls ein eher zurückhaltendes Bouquet, wirkt im Mund dann aber sehr rund und harmonisch. Schließlich können sardischer Vermentino und sizilianischer Grillo zu allem, was aus dem Meer kommt, überzeugen. Wer einen Wein sucht, der nicht von der Apenninenhalbinsel kommt, der sollte sich für spanischen Albariño oder für nicht mit Holznote versehene Chardonnay aus Südafrika oder Australien entscheiden.

- Soave Classico, Venetien, Italien
- Albariño Rías Baixas, Galicien, Spanien
- Chardonnay, South Australia, Australien

Pasta in Sahnesoße

Tortellini mit Käse-Sahnesoße, Spaghetti mit Schinken-Sahnesoße, Tagliatelle mit Lachs-Sahnesoße: Das sind nur ein paar der Möglichkeiten, cremige Sahne als gehaltvollen Geschmacksträger mit Pasta zu kombinieren. Sehr beliebt in Italien ist auch die Variante mit gestoßenen Nüssen, was der Soße einen süßlichen, sehr aromatischen Touch gibt.

Chardonnay St. Valentin, Kellerei St. Michael-Eppan, Südtirol, Italien

Wegen des hohen Fettgehaltes der Sahnesoße müssen zu diesem Gericht auf jeden Fall mittelschwere bis kraftvolle Weißweine ran. Chardonnay mit einer dezenten Holznote, die der Wein beim Ausbau in kleinen Barrique-Fässern bekommt, schmiegt sich harmonisch an den breiten Schmelz von Sahne und Käse und belebt das Geschmacksbild mit seiner Frucht. Die südtiroler Kellerei St. Michael-Eppan versteht sich meisterhaft auf den Einsatz der kleinen Holzfässer und produziert auch einen Pinot Grigio, der gut zu Pasta in Sahne passt. Aber auch deutscher Grauburgunder, etwa aus Baden oder der Pfalz, kommt hier in die engere Wahl, ebenso wie Weißburgunder, zum Beispiel ein Pinot Bianco aus dem Friaul mit seiner milden Säure und seinem leicht nussigen Geschmack. Schließlich wäre auch ein anspruchsvoller, trockener Orvieto Classico mit seinem würzigen, dezent nussigen, aber auch frisch-fruchtigen Auftritt in Betracht zu ziehen.

- Grauburgunder Spätlese trocken, Baden, Deutschland
- Pinot Bianco, Friaul, Italien
- Orvieto Classico, Umbrien, Italien

Pasta Bolognese

Ein Dauerbrenner der italienischen Pasta-Küche: Spaghetti oder andere Nudeln mit einer würzigen Hackfleisch-Tomaten-Soße und einer ordentlichen Portion geriebenem Parmesan. Dazu und zu anderen Pasta-Gerichten mit rustikalen Fleischsoßen kann man eigentlich nur Rotwein trinken – italienischen natürlich.

Valpolicella Classico, Masi Agricola, Venetien, Italien

Oft als billige Plörre in Strohflaschen verramscht hat der norditalienische Valpolicella in den sechziger Jahren zumindest in Deutschland seinen Ruf verspielt. Dabei bieten die farbintensiven und vollfruchtigen Tropfen von guten Erzeugern einen harmonischen, unkomplizierten Trinkgenuss – vor allem zu herzhaften Speisen wie Pasta Bolognese. Aber auch die Sangiovese-Traube des Chianti-Gebietes hat genügend Tannine und Säure, um mit diesem deftigen Gericht zu harmonieren – aber eben auch viel kirschige Frucht, die dem würzigen Gericht einen Gegenpol bietet. Ebenso geeignet wäre ein einfacher, aber nicht zu unterschätzender Montepulciano d'Abruzzo. Und aus Deutschland kommt ein kräftig-fruchtiger Lemberger aus Württemberg in Frage.

- Chianti Classico, Toskana, Italien
- Montepulciano d'Abruzzo, Abruzzen, Italien
- Lemberger trocken, Württemberg, Deutschland

Pasta mit Pilzen

Besonders beliebt in der Kombination mit Nudeln sind geschmacksintensive Edelpilze wie Champignons, Pfifferlinge und Steinpilze. Sie fordern die Assoziation „Waldboden“ förmlich heraus und führen den Geschmackssinn mit ihrem buttrig-erdigen Aroma gewissermaßen direkt in den Forst. Kräftige Kräuter oder eine schmelzige Sahnesoße geben zusätzliche Tiefe und Gehalt.

Valpolicella Classico Superiore, Tedeschi, Venetien, Italien

Statt Säure braucht der Wein zu diesem herbstlichen Gericht viel würzigen Schmelz und einen breiten Körper voller Kraft. Und noch eins: Jung sollte dieser Tropfen unbedingt sein. Valpolicella bietet all das – und dazu noch ein tiefes Kirschen-Aroma, das das Gesamtbild um eine fruchtige Dimension erweitert. Junger Bardolino vom Gardasee kommt dieser Kombination sehr nahe und ist meistens sogar noch eine Spur günstiger. Ähnliche Qualitäten wie der Valpolicella hat auch junger Barbera aus dem Piemont. Wer die Pilz-Pasta dagegen lieber mit einem weißen Tropfen begleiten will, der sollte einen mit kräftigen Holztönen ausgestatteten Wein nehmen, einen Barrique-gereiften Grauburgunder aus Baden oder einen gehaltvollen Chardonnay aus Übersee.

- Bardolino Classico, Venetien, Italien
- Barbera d’Asti, Piemont, Italien
- Chardonnay, Hunter Valley, Australien

Pasta mit Trüffeln

Die knubbeligen, unter der Erde wachsenden Pilzklumpen haben nicht nur einen unnachahmlich intensiven Geruch und Geschmack, sondern auch einen ebensolchen Preis – was daran liegt, dass sie zu den begehrtesten Feinschmeckereien gehören, aber leider nur sehr schwer zu finden sind. In Italien und Frankreich erledigen oft speziell geschulte Schweine oder Hunde diese Aufgabe. Genossen werden die edlen Knollen meist fein gehobelt.

Barolo, Giacosa Fratelli, Piemont, Italien

Egal, ob schwarz oder weiß – zu Trüffeln trinkt man am besten einen Rotwein, einen großen Rotwein. Ideale Partner sind Tropfen aus der piemonteser Traube Nebbiolo mit ihren Düften von schwarzen Kirschen und Rosen sowie ihren Vanille- und Waldkräuter-Aromen. Vor allem die Giganten aus den beiden Weinbaugemeinden Barolo und Barbaresco haben die Kraft, Würze und Tiefe, ohne die ein Wein bei der Begegnung mit Trüffel schnell verloren ist, aber auch einfachere Nebbiolos haben durchaus die Statur dafür. Wegen ihrer tiefen, erdigen Aromatik sind auch deutsche Spätburgunder starke Begleiter für Trüffel-Pasta, allerdings sollten es keine Leichtgewichte, sondern Weine von Statur sein. So wie die Bordeaux-Tropfen aus dem Pomerol; sie sind in Frankreich neben den großen Pinot Noirs aus dem Burgund die klassischen Trüffel-Weine.

- Barbaresco, Piemont, Italien
- Spätburgunder Spätlese trocken, Pfalz, Deutschland
- Lalande de Pomerol, Bordeaux, Frankreich

Lasagne

Eigentlich ist Lasagne nichts weiter als die italienische Version des Nudelauflaufs mit einer deftigen, meist auf Tomatensoße und Hackfleisch basierenden Füllung, die oft noch mit Béchamelsauce kombiniert wird. Das Besondere sind die Nudelplatten, die abwechselnd mit den anderen Zutaten geschichtet und abschließend mit einer dicken Käseauflage in den Ofen geschoben werden.

Dolcetto d'Alba, Terre del Barolo, Piemont, Italien

Pasta mit rustikaler Fleischsoße lässt sich am besten von einem fruchtigen, bodenständigen Rotwein begleiten – das ist bei der Lasagne nicht anders als bei der Bolognese. Junger Barbera oder Dolcetto aus dem Piemont bieten schnörkellosen, vollmundigen Geschmack. Der Dolcetto von der Kooperative Terre del Barolo hat ein duftiges, saftiges Bouquet von Johannisbeeren und Kräutern und zeigt am Gaumen ungemein saftige Frucht. Vor allem leicht gekühlt ist dieser Wein perfekt zu vielen Pasta-Gerichten. Auch Bardolino und Valpolicella aus Venetien verstehen sich gut mit herzhaften Gerichten dieser Art, ebenso Montepulciano d'Abruzzo. Wer keinen Italiener zur Hand hat, kann auch einen Spanier auf den Tisch stellen, einen Garnacha aus der Navarra zum Beispiel.

- Montepulciano d'Abruzzo, Abruzzen, Italien
- Valpolicella Classico, Venetien, Italien
- Garnacha, Navarra, Spanien

Maultaschen

Ob Maultaschen die schwäbische Antwort auf die Ravioli sind, ist unbekannt. Möglicherweise haben Immigranten die Nudelpäckchen Anfang des 18. Jahrhunderts aus Norditalien mitgebracht, vielleicht haben sie aber auch die Zisterzienser vom Kloster Maulbronn erfunden, um darin in der Fastenzeit das Fleisch zu verstecken. Auf jeden Fall ist die Maultasche inzwischen herkunftsgeschützt, serviert wird sie klassischerweise in einer leichten Brühe, geschmälzt oder zum Salat.

Justinus Kerner Kabinett trocken, Genossenschaftskellerei Heilbronn, Württemberg, Deutschland

Benannt nach dem schwäbischen Dichter Justinus Kerner liefert die Kerner-Traube die idealen Begleiter der Maultasche – und das nicht nur wegen der regionalen Verwandtschaft. Süffig, feinherb-würzig und sehr aromatisch geht ein Kerner Kabinett vor allem gut zu Maultaschen in Brühe. Für die geschmälzte Version empfiehlt sich dagegen ein trockener, aber saftiger Müller-Thurgau. Ein weiterer württemberger Klassiker, der zu schwäbischen Ravioli passt, ist Schillerwein. Nicht nach dem Dichter, sondern nach seiner schillernden Farbe benannt, wird dieser roséfarbene Tropfen aus roten und weißen Trauben (häufig Trollinger und Müller-Thurgau) gekeltert. Süffig begleitet er die Teigtaschen mit fruchtiger Frische. Schließlich kommt auch das schwäbische Nationalgetränk in Frage: trockener Trollinger mit seiner zarten, eleganten Frucht und seiner milden Würze, am besten leicht gekühlt.

Müller-Thurgau Kabinett trocken, Franken, Deutschland

Schillerwein, Württemberg, Deutschland

Trollinger trocken, Württemberg, Deutschland

Risotto mit Pilzen oder Fleisch

In Italien hat jede Region, jede Stadt und jeder Koch sein eigenes, ganz spezielles Risotto-Rezept. Stets aber wird der Reis mit Zwiebeln in Öl angeschwitzt und anschließend mit einer Brühe langsam gegart. Unanständig viel Butter und Parmesan machen das Gericht schließlich cremig. Andere Zutaten wie Pilze oder gebratenes Fleisch kommen erst zum Schluss dazu.

Barbera d'Asti, Giacomo Scagliola, Piemont, Italien

Barbera aus dem Piemont ist der geborene Begleiter für Risotto mit deftigen Beilagen oder Zutaten. Mit seiner vollen Frucht und seiner weichen Struktur passt er ebenso gut zu gebratenem Fleisch mit seinen Röstaromen, wie zum intensiven Geschmack von Pilzen. Auch Weine aus der Sangiovese-Traube mit ihren Kirscharomen und ihrer Erdigkeit kommen für dieses Gericht in Frage – und statt Chianti kann es zum Beispiel auch ein Sangiovese aus den Marken oder Lazio sein. Eine weitere gute Wahl wäre ein Rosé – zum Beispiel ein Lagrein aus Südtirol mit seiner fruchtigen Eleganz. Vor allem zu Risotto mit Pilzen passen auch Weißweine, wegen der vielen Butter im Gericht sollten sie aber viel Schmelz und Körper haben. In Barrique gereifter Chardonnay aus dem Burgund oder aus Übersee ist dafür gut geeignet – oder ein im kleinen Holzfass ausgebauter Tropfen aus Italien, etwa ein kräftiger Pinot Grigio.

- Sangiovese, Marken, Italien
- Lagrein Rosé, Südtirol, Italien
- Pinot Grigio, Venetien, Italien

Risotto mit Gemüse oder Meeresfrüchten

Die eigentlich in Norditalien erfundene Reis-Spezialität ist längst auf der ganzen Apenninenhalbinsel und weit darüber hinaus in unzähligen Varianten verbreitet: Viel Butter und Parmesan machen den Brei cremig, kräftige Brühe gibt ihm die nötige Würze. Risotto mit Gemüse oder Meeresfrüchten verlangt nach einem frischen Begleiter.

Gavi di Gavi „La Meirana", Gian Piero Broglia, Piemont, Italien

Regionale Verwandtschaft ist nicht alles – aber in diesem Fall kommt ein aus der Cortese-Traube gekelterter Gavi di Gavi aus dem Piemont mit seiner zarten, fruchtigen Art als natürlicher Begleiter in Frage. Ein Wein, der leicht, zart und feinfruchtig Akzente setzt und die zarten Aromen des Gerichtes nicht überdeckt. Ob nun Erbsen oder Venusmuscheln der Hauptgeschmacksträger des Risotto sind, der Wein soll sie begleiten und unterstützen, nicht verdrängen. Sehr passend wäre auch Bardolino Chiaretto, ein leichter, feinfruchtiger und geradezu beschwingter Rosé-Wein von den Ufern des Gardasees. Außerdem käme ein sizilianischer Weißwein aus der Traube Grecanico oder auch ein Weißburgunder aus der Pfalz mit seiner Frische und Frucht in Frage. Wenn es sein muss, geht auch ein weißer Bordeaux.

- Bardolino Chiaretto, Venetien, Italien
- Bianco di Sicilia, Sizilien, Italien
- Weißburgunder Kabinett trocken, Pfalz, Deutschland

Paella

Den Reis haben die Mauren nach Spanien gebracht, die Valencianer haben ihn für die Pfanne entdeckt, und der Rest der Spanier hat die Paella zum Nationalgericht gemacht. Es gibt unzählige Varianten der deftigen Reispfanne mit Huhn, Schwein, Kaninchen, Meeresfrüchten oder Gemüse. Allen gemeinsam sind die drei Grundzutaten: Reis, Safran und Olivenöl.

Enate Rosado, Bodegas Enate, Somontano, Spanien

Zur Paella kommt spanischer Wein auf den Tisch! Und am besten passt fruchtig-frischer, von der Sonne verwöhnter Rosé. In vielen spanischen Regionen wird Rosado produziert, einen der besten keltert die Kellerei Enate im kleinen Gebiet Somontano am Fuß der Pyrenäen: Er ist saftig und zeigt elegante Aromen von Heidelbeere, Stachelbeere und süßer Paprika. Mit seiner geschmeidigen Lebhaftigkeit ist er perfekt zur deftigen Paella. Auch Albariño aus dem nordwestspanischen Rías Baixas ist eine gute Option. Mit Fruchtigkeit, enormer Frische und salziger Mineralität schmeckt er vor allem zu Reispfannen mit Muscheln, Garnelen und anderen Meeresfrüchten. Schließlich kommen zur Paella auch ein kräftiger Verdejo aus dem kastilischen Gebiet Rueda oder ein Weißer aus dem Rioja in die engere Wahl, zu Fleisch-Paellas auch leichte Rote mit etwas Säure, etwa Tempranillo aus dem Penedes.

Albariño Rías Baixas, Galicien, Spanien

Verdejo, Rueda, Kastilien, Spanien

Tempranillo Crianza, Penedes, Spanien

Fisch

Hummer

Hummer und Langusten sind die delikatesten unter den Krebstieren. Fast immer werden sie gekocht, manchmal vorsichtig gebraten, selten geräuchert, was dem Eigengeschmack dieser feinen Tiere aber nicht unbedingt zugute kommt. Hummer hat einen ganz eigenen, charakteristischen Geschmack. Wird er von einer konzentrierten Hummersoße begleitet, kommt dieses Aroma noch intensiver zur Geltung.

Champagner Réserve Brut, Taittinger, Champagne, Frankreich

Zu dieser Delikatesse muss ein Gigant ins Glas. Champagner und Hummer sind ein Traumpaar. Die Intensität und Kraft des Taittinger mit seinen zarten Röst- und Vanillearomen kann bestens mit dem präsenten Hummer mithalten und geht mit ihm eine aromatische Vermählung ein. Ebenso gut passen die großen barrique-gereiften Burgunder wie Chassagne-Montrachet oder Meursault. Aber auch andere im kleinen Holzfass ausgebaute Chardonnays, zum Beispiel die kräftigen Tropfen aus Kalifornien mit ihren typischen Toast- und Vanille-Aromen sind Hummerfreunde. Eine deutsche Alternative ist ein kräftiger Riesling aus dem Rheingau, aber auf jeden Fall das Beste vom Besten, sprich ein Großes Gewächs.

- Chassagne-Montrachet, Burgund, Frankreich
- Chardonnay, Kalifornien, Vereinigte Staaten
- Riesling Großes Gewächs, Rheingau, Deutschland

Muscheln im Sud

Weiches, aromatisches Fleisch und einen delikaten Geschmack bieten viele Muschel-Sorten, besonders beliebt sind die schwarz-schaligen Miesmuscheln. Sie garen in einem Sud aus Weißwein und Kräutern, der eine tiefe Würze hervorbringt, die sich auch mit deftigen Beilagen sehr gut verträgt. In Holland und Belgien isst man Pommes Frites und selbstgemachte Mayonnaise zu den frischen Schalentieren, anderswo geröstetes Weißbrot.

Riesling Grauschiefer, Weingut Schmitges, Mosel, Deutschland

Zu Muscheln sollten Sie junge Weine ausschenken, Spritzigkeit und Frische müssen die Tropfen haben, aber auch ein gewisses Rückgrat, um der Deftigkeit des Gerichts etwas entgegenhalten zu können. Ein trockener Riesling von der Mosel ist die erste Wahl. Aber auch Grüner Veltliner mit seiner leichten Pfeffernote passt hervorragend. Spanischer Albariño ist ebenfalls ein großer Muschelversteher, und Weißburgunder ist schließlich auch einen Versuch wert. An der Nordsee und im Rheinland wird häufig Bier zum Muschel-Mahl getrunken, am besten passen süffiges Kölsch oder belgisches Abteibier.

- Grüner Veltliner, Wachau, Österreich
- Albariño Rías Baixas, Galicien, Spanien
- Weißburgunder Kabinett trocken, Baden, Deutschland

Gegrillte Garnelen und Meeresfrüchte

Fisch und Meeresfrüchte stehen überall in Südeuropa auf dem Speiseplan. Gegrillt oder in Öl mit viel Knoblauch gebraten sind vor allem Garnelen, Tintenfische und Oktopus sehr beliebt und sowohl frisch vom Feuer als auch als kalte Speise ein Genuss. Besonders der delikate Geschmack der Garnelen wird durch das Grillen noch mit Röstaromen intensiviert.

Dettori Bianco – Vermentino di Sardegna, Tenute Dettori, Sardinien, Italien

In der deftigen Küche Sardiniens spielen das Meer und seine Früchte eine zentrale Rolle – und mit dem Vermentino liefern die sardischen Winzer dazu den perfekten Wein. Von der Mittelmeersonne geprägt, ergänzt dieser geschmeidige Tropfen mit viel Frucht, feiner Säure und leichten Meersalztönen die intensiven Grillaromen des Gerichts. Auch die aromatischen Weißweine von der Nachbarinsel Sizilien passen gut, ebenso toskanischer Vernaccia di San Gimignano oder aus Kampanien vollmundiger Greco di Tufo. Aus Spanien käme Garnacha blanca in Frage, und hierzulande zwar noch nicht sehr bekannt, für frische Garnelen aber ein idealer Begleiter, ist schließlich griechischer Malagousia mit seinem vollen Körper und seinen exotischen Fruchtaromen.

- Vernaccia di San Gimignano, Toskana, Italien
- Garnacha blanca, Katalonien, Spanien
- Malagousia, Peloponnes, Griechenland

Fritierter Fisch und Meeresfrüchte

Die Zubereitung von Fischen und Meeresfrüchten in heißem Öl ist vor allem in Südeuropa weit verbreitet. Meistens werden Muscheln, Garnelen, Sepia und kleine Fische im Ganzen, größere Fische in kleinen Stücken in Mehl gewendet und/oder mit einer dünnen Teigschicht umhüllt und dann kurz im siedenden Fett kross ausgebacken. Dazu werden häufig deftige Soßen wie Aioli oder Chili-Mayonnaise und Salat serviert.

Manzanilla, La Goya, Bodegas Delgado Zuleta, Andalusien, Spanien

Fritierte Sardinen gehören zu den klassischen Tapas – und ganz Spanien trinkt dazu am liebsten Fino Sherry, knackig und trocken. Manzanilla ist ein besonderer Fino, er reift nicht in Jerez, sondern im Fischerstädtchen Sanlúcar de Barrameda und passt mit seiner leichten Salznote bestens zu Meeresfrüchten und Fisch. Die Portugiesen bevorzugen zu Fritiertem ihren knackigen, möglichst im ersten Jahr nach Abfüllung zu trinkenden Vinho Verde, sehr frisch und ausdrucksvoll sind aber auch die Weißweine aus den Regionen Estremadura und Alentejo, in denen viele autochthone Rebsorten zum Einsatz kommen. Aus italienischer Sicht ist Greco di Tufo aus Kampanien eine gute Wahl, ebenso wie die frischen Weine aus der sizilianischen Grillo-Traube.

- Branco, Alentejo, Portugal
- Greco di Tufo, Kampanien, Italien
- Grillo, Sizilien, Italien

Panierter Fisch

Fischstäbchen haben zu Recht einen zweifelhaften Ruf. Aber, dass ein frisches Filet vom Seelachs oder Rotbarsch mit einer in Butter oder Öl gebratenen, knusprigen Panade ein großer Genuss sein kann, das beweisen jeden Tag die Köche in den zahllosen Fischrestaurants an Nord- und Ostsee. In der würzigen Knusperhülle behält der Fisch seine Saftigkeit und viel von seinem ursprünglichen Aroma.

Weißburgunder Freinsheimer „S", Weingut Rings, Pfalz, Deutschland

Junger Weißburgunder wie jener vom Pfälzer Weingut Rings mit seinem feinwürzigen Duft und seinem eleganten, von großer Fruchtfülle geprägten Geschmack ist zu Fisch eine ausgesprochen gute Wahl. Sein frisches Aroma von reifen, gelben Früchten ergänzt sich hier sowohl mit dem saftigen Fleisch des Filets, als auch mit den buttrigen Röstnoten der Panade und passt außerdem zu bodenständigen Beilagen wie Kartoffel- oder Gurkensalat, die klassischerweise zum panierten Fisch serviert werden. Auch der Sauvignon Blanc von Rings macht sich zu dieser Kombination sehr gut, es käme aber ebenso ein Sauvignon aus der österreichischen Steiermark in Betracht. Franzosen würden wohl weißen Bordeaux vorziehen, Italiener eher einen süffigen Orvieto Classico.

- Sauvignon Blanc, Steiermark, Österreich
- Bordeaux Blanc, Bordeaux, Frankreich
- Orvieto Classico, Umbrien, Italien

Gekochter Süßwasserfisch

„Forelle blau" ist der Klassiker dieser Zubereitungsart, bei der der ganze Fisch im aromatischen Wurzelsud schonend gegart wird. Auch Saibling, Renke, Karpfen und Waller (Wels) eignen sich für diese Methode. Traditionell wird zu „blau"-gegartem Fisch geschmolzene Butter gereicht, aber auch eine leichte Sauce Hollandaise ist denkbar.

Weißburgunder trocken „S", Weingut Wittmann, Rheinhessen, Deutschland

Das zarte, manchmal etwas erdige Aroma pochierter Forellen oder anderer Süßwasserbewohner verlangt nach einem leichten und trockenen Wein, der die Balance hält und das Gericht nicht dominiert. Junger Weißburgunder bietet die passende Frische, dezente Frucht und feine Säure. Auch Sauvignon Blanc, etwa aus der Loire-Appellation Pouilly-Fumé, stellt den Fisch nicht in den Schatten. Ein halbtrockener Riesling Kabinett von der Mosel ist immer eine gute Wahl, und zu Waller in Wurzelsud muss man unbedingt Grünen Veltliner aus dem österreichischen Weinviertel mit seiner Spritzigkeit und seinen Pfeffernoten trinken.

- Pouilly-Fumé, Loire, Frankreich
- Riesling Kabinett halbtrocken, Mosel, Deutschland
- Grüner Veltliner, Weinviertel, Österreich

Gebratener Süßwasserfisch

In Mehl gewendet, in Butter goldbraun gebraten und mit zerlassener Butter, Kartoffeln und Petersilie serviert – so macht es nicht nur die Müllerin, aber sie hat dieser Zubereitungsart ihren Namen gegeben: „Forelle Müllerin“. Außer Forelle und Saibling eignet sich vor allem Zander für das Braten auf der Haut. Als Pendant braucht er einen mittelkräftigen Wein, der mit den herzhaften Röstaromen klar kommt.

Riesling „Schieferterrassen“, Weingut Heymann-Löwenstein, Mosel, Deutschland

Trockener Mosel-Riesling und Fisch sind ein ideales Paar. Die Rieslinge vom Weingut Heymann-Löwenstein treiben die ohnehin ausgeprägte Mineralik dieses Gebietes auf die Spitze und paaren sie mit viel tropischer, gelber Frucht. Finessenreich und doch voller Kraft und Tiefe schmiegt sich dieser Wein geradezu an den Fisch. Ein weiterer klassischer Begleiter ist Muscadet von der Loire, vor allem wenn er den Zusatz „sur lie“ trägt, also mindestens vier Monate auf der Hefe gelegen und dadurch ein besonders komplexes Aroma bekommen hat. Ganz ausgezeichnet macht sich weißer Bordeaux, aber auch andere Cuvées dieser Art wie etwa die Sémillon-Sauvignon-Blanc-Verschnitte aus dem Barossa-Tal in Südaustralien. Ebenso könnte Schweizer Fendant aus der Chasselas-Traube ein guter Partner sein, aber nur wenn er von bester Qualität ist und genügend Fülle besitzt.

- Muscadet sur lie, Loire, Frankreich
- Sémillon/Sauvignon Blanc, Barossa Valley, Australien
- Fendant, Wallis, Schweiz

Gedünsteter Salzwasserfisch

Empfindliche Edelfische aus dem Meer wie Steinbutt, Seezunge und Heilbutt profitieren von dieser schonenden Zubereitungsart. Als gefüllte Röllchen oder feine Filets bleiben sie zart und behalten ihren Eigengeschmack. Cremige Weißwein-Sahne-Soße und blanchiertes Gemüse sind die idealen Beilagen auf dem Teller.

Riesling Spätlese trocken, Weingut Josef Leitz, Rheingau, Deutschland

Hier sollte ein filigraner Wein mit ansprechender Säure ins Glas. Gut zu dem feinen Meeresfisch-Aroma passt die Kombination aus Mineralität und Frucht, wie sie die Rieslinge aus Rüdesheim bieten. Die trockenen Spätlesen von Leitz zeigen par excellence, was diese Lagen auszeichnet. Ähnlich frischfruchtig und doch mineralisch zeigt sich auch guter Chablis. Weitere Möglichkeiten zur Begleitung von Seezunge oder Heilbutt sind Weine aus der Sauvignon-Blanc-Traube, etwa aus der Südsteiermark, sowie die weißen Sauvignon/Sémillon-Cuvées aus der Bordeaux-Appellation Entre-Deux-Mers.

- Chablis, Burgund, Frankreich
- Sauvignon Blanc, Südsteiermark, Österreich
- Entre-Deux-Mers, Bordeaux, Frankreich

Gebratener Salzwasserfisch

Scholle, Seezunge, Dorade, Petersfisch, Kabeljau, Red Snapper, Steinbeißer, Wolfsbarsch – die Liste der Meeresfische, die in der Pfanne in Butter oder Öl gebraten ihren feinen Geschmack unverfälscht offenbaren, ist praktisch unendlich. Mehr denn je gilt die goldene Regel: Je frischer der Fisch, desto größer der Genuss.

Chablis „Vigne de la Reine", Jean Durup, Burgund, Frankreich

Die erste Wahl für diese Salzwasserbewohner mit ihrem zarten Fleisch und für die herzhaften Röstaromen dieser Zubereitungsart ist der Chardonnay. Voller Finesse, mit rassiger Säure, mineralischen Noten und Aromen von Äpfeln und Meer betont der Chablis – der stets ausschließlich aus Chardonnay-Trauben gekeltert wird – die Frische des Fisches. Die Tropfen von Jean Durup haben ihren Preis, bieten aber garantierten Genuss. Ebenso wie die deutlich kräftigeren, in Barrique ausgebauten, großen Burgunder von der Côte-d'Or, etwa Meursault oder Montrachet. Aber auch ein drei oder vier Jahre alter, leicht gereifter Riesling aus der Pfalz würde sich mit seiner Kraft und seinem Schmelz bewähren. Aus Italien käme ein mittelschwerer, aber schön strukturierter Soave Classico in Frage.

- Meursault, Burgund, Frankreich
- Riesling Spätlese trocken, Pfalz, Deutschland
- Soave Classico Superiore, Friaul, Italien

Gegrillter Salzwasserfisch

Ein Fisch für den Grill muss vor allem festes Fleisch haben, sonst zerfällt er bei der großen Hitze. Lachs, Thunfisch und Schwertfisch sind am besten geeignet und bekommen durch die kräftige Röstung einen besonders herzhaften Geschmack. Aber auch Kabeljau, Dorade und andere große Fische können gegrillt werden. Die Kombination von kräftigen Röstnoten und feinen Fischaromen ruft nach Chardonnay mit Holznote.

Chardonnay, Esser Vineyards, Kalifornien, Vereinigte Staaten

Der harmonische, nicht zu lang in Barrique-Fässern ausgebaute Chardonnay vom Deutsch-Kalifornier Manfred Esser ist stark genug, um gegen die Grillaromen zu bestehen und so finessenreich, dass er den Fisch nicht in den Schatten stellt. Einen anderen Akzent setzt sizilianischer Grillo mit seinem blumigen Bukett und seiner vollmundigen Fruchtigkeit. Ebenso preiswert und frisch und mit lebendiger Säure ausgestattet ist Vinho Verde, ein klassischer Begleiter für alle gegrillten Fische und Meeresfrüchte. Bei uns wird er meist als Weißwein angeboten, in Portugal aber auch in seiner roten Version zum Fisch getrunken, meist leicht gekühlt. Apropos Rotwein: Zu Thun- und Schwertfischsteaks passt auch Pinot Noir aus Neuseeland: Kräuter und Frucht, Tannine und Alkohol – perfekt!

Grillo, Sizilien, Italien

Vinho Verde, Minho, Portugal

Pinot Noir, Marlborough, Neuseeland

Salzwasserfisch in der Salzkruste

Die Kruste aus grobkörnigem Meersalz umgibt den Fisch wie einen Schutzmantel, in dem er im ganzen Stück gleichmäßig und schonend garen kann. Vor allem Dorade und Wolfsbarsch laufen – mit frischen Kräutern gefüllt – im Ofen zu aromatischer Höchstform auf. Ein noch intensiveres Geschmackserlebnis ergibt sich, wenn man dem Salz für die Kruste Pfeffer beimengt.

Albariño Rías Baixas, Pazo de Barrantes, Galicien, Spanien

Ähnlich wie Riesling hat der Albariño aus dem äußersten Nordwesten Spaniens, der galicischen Anbauregion Rías Baixas, eine besonders intensive Aromatik mit viel Frucht, aber auch kräftiger Würze. Außerhalb der iberischen Halbinsel lange unbekannt oder unterschätzt, ist er ein ausdrucksstarker, lebendiger Wein, der mit den kraftvollen Aromen des Salzkrusten-Fisches gut harmoniert. Hochwertiger Chablis ist ebenfalls ein passender Begleiter, aber auch ein, zwei oder drei Jahre in der Flasche gereifter Greco di Tufo aus Süditalien mit seiner charaktervollen Mineralität und angenehmen Säure. Einen etwas anderen, aber ebenso guten Akzent würde ein gehaltvoller Bandol Rosé aus der Provence setzen.

Chablis Premier Cru, Burgund, Frankreich

Greco di Tufo, Kampanien, Italien

Bandol Rosé, Provence, Frankreich

Geschmorter Fisch

Bei großer Hitze garen im Ofen am besten ganze Fische – je größer desto besser. Vor allem Barsch, Red Snapper und Dorade eignen sich für diese Art der Zubereitung, aber auch Lachs, Zander und Forellen werden auf dem Backblech oder in einer Ofenform ohne Schwierigkeiten zu einem aromatischen Genuss. Die Weinbegleitung sollte sich nach der Intensität der Würzung und der Beilagen richten.

Rosé Côtes de Provence, Domaines Ott, Provence, Frankreich

Aus der sonnenverwöhnten, heißen Provence im Süden Frankreichs kommen sehr kräftige, gehaltvolle und dennoch frisch-fruchtige Rosé-Weine. Sie werden aus Grenache, Cinsault und Syrah gekeltert und passen hervorragend zu leichter Sommer- und Mittelmeerküche. Ebenso gut zum Ofen-Fisch würde sich ein auf der Garnacha-Traube basierender Rosado aus Spanien machen, zum Beispiel aus der Navarra. Aber auch Chardonnay mit Holznoten aus Übersee, etwa Chile, wäre geeignet. In Deutschland noch nicht weit verbreitet, aber durchaus erhältlich und eine großartige Wahl zu würzigem Fisch, sind schließlich die extraktreichen, säurebetonten Weine aus der griechischen Traube Assyrtiko.

Rosado, Navarra, Spanien

Chardonnay, Central Valley, Chile

Assyrtiko, Santorin, Griechenland

Geräucherter Fisch

Rauch ist eine schwierige Angelegenheit für Wein. Bei Lachs und Forelle, die meist nur zurückhaltende Raucharomen aufweisen, halten sich die Probleme noch in Grenzen. Bei fettreichen Fischen wie Makrele, Heilbutt und vor allem Aal sieht die Sache schon anders aus: Sie verströmen einen ausgeprägten Räucherduft und haben einen sehr dominanten Geschmack.

Manzanilla Sherry La Guita, Bodegas Hijos de Rainera Pérez Marín, Andalusien, Spanien

Wenn überhaupt, dann können beim Räucherfisch nur Weine mit einer sehr starken Persönlichkeit bestehen. Fino Sherry zum Beispiel. Knochentrocken, kraftvoll, alkoholreich – kein Wein ist den kräftigen, mitunter metallisch-bitteren Aromen von Buchen- oder Eichenholz besser gewachsen. Eine besondere Spielart ist Manzanilla, ein Fino aus dem Küstenstädtchen Sanlúcar de Barrameda mit einem leicht salzigen Ton. Mit ihrer Mineralik und ihrer Frucht können auch trockene Rieslinge von der Mosel mit mildem Rauch zurechtkommen, manchmal auch Sauvignon Blanc, wenn er kräftige Säure hat. An Nord- und Ostsee wird allerdings zu recht vor allem eins zum Räucherfisch getrunken: ein gutes Pils.

Riesling Spätlese trocken, Mosel, Deutschland

Sauvignon Blanc, Stellenbosch, Südafrika

Flensburger Pilsener, Flensburg, Deutschland

Matjes, Rollmops, Bismarckhering

Das geht gar nicht! Diese Spielarten des Herings sind mit ihrer dominierenden Salz- und Essigwürze das reine Gift für jeden Wein. Dazu werden meistens noch rohe oder sauereingelegte Zwiebeln und Gewürzgurken serviert, was die Sache nur noch schlimmer macht. Da hilft auch eine sahnige Soße nach „Hausfrauen Art“ nicht viel.

Fino Sherry Tío Pepe, Bodegas Gonzáles Byass, Andalusien, Spanien

Da muss jeder Weißwein kapitulieren, und Rotweine scheiden ohnehin vollkommen aus. Bleibt nur Sherry. Aber selbst für extrem trockenen Fino Sherry sind Matjes, Rollmops und Co. eine echte Herausforderung. Doch eiskalt serviert, kann zum Beispiel der Tío Pepe, der weltweit am meisten getrunkene Fino, mit seinen 15 Prozent Alkohol und dem kräftigen Hefearoma der fiesen Salz- und Säure-Attacke standhalten. Dazu sind sonst nur noch Vertreter der ganz harten Fraktion in der Lage, sprich Schnäpse wie holländischer Genever und dänischer Aquavit. Am besten schmeckt zu diesen wunderbaren Traditionsgerichten aber immer noch ein klassisches, herbes Pilsener Bier.

Bokma Oude Genever, Amsterdam, Niederlande

Aalborg Jubiläums Aquavit, Kopenhagen, Dänemark

Jever Pilsener, Jever, Deutschland

Geflügel

Hühnerfrikassee

Zarte Würfel von der Hühnchenbrust, kleine Champignons, Spargelstückchen und alles umhüllt von einer milden, hellen Soße: So sieht das klassische Hühnerfrikassee aus. Mitunter finden weitere Zutaten wie Karotten und Erbsen den Weg in dieses helle Ragout, das meistens von Reis begleitet wird, einst aber vor allem als Füllung von Blätterteigpasteten geliebt wurde.

Grauburgunder trocken, Weingut Bernhard Huber, Baden, Deutschland

Hühnerfrikassee ist ein mildes Gericht, braucht aber einen stabilen, gehaltvollen Begleiter, der mit der cremigen Soße klarkommt. Ideal ist ein trockener Grauburgunder, jener vom Weingut Huber duftet zart nach Honig, geröstetem Brot und Gebäck und hat eine leicht rauchige Note, die sich sehr gut mit dem zarten Hühnchengeschmack und den Pilzaromen verbindet. Auch Weine mit einer leichten Barrique-Note kommen für Frikassee in Betracht, etwa der Weißburgunder von Bernhard Huber. Oder Chardonnays aus dem südlichen Burgund mit ihrer aromatischen Fülle und milden Säure. Außerdem macht Silvaner zum cremigen Schmelz, der das Huhn und das Gemüse umfängt, eine gute Figur, eine Spätlese sollte es aber schon sein. Schließlich kann Riesling mit seinen ausgeprägten Fruchtaromen und seiner feinen Säure dieses Gericht beleben und begleiten.

- Mâcon-Villages, Burgund, Frankreich
- Silvaner Spätlese trocken, Franken, Deutschland
- Riesling trocken, Kamptal, Österreich

Hähnchenbrust gebraten

Zum Salat, als Teil eines Clubsandwiches oder als delikat gefülltes Supreme ist die gebratene Hähnchenbrust mit ihrem hellen, saftigen Fleisch ein mild-würziger Genuss – vorausgesetzt, ihr ist durch zu langes Garen nicht die Saftigkeit abhanden gekommen. Auch Pute, Truthahn und anderes weißfleischiges Geflügel lässt sich umstandslos in der Pfanne zubereiten. Für die Wahl des Weinpartners spielt dann die Soße die entscheidende Rolle.

Weißburgunder trocken, Weingut Dreissigacker, Rheinhessen, Deutschland

Puristen genießen das Huhn ganz nature, sprich nur mit ein bisschen Bratfond übergossen und von frischem Gemüse begleitet. Dazu gehört ebenso ein weißer Tropfen ins Glas wie zur Hähnchenbrust mit Sahnesoße. In beiden Fällen darf es ruhig ein zurückhaltender Bursche sein, der nicht auftrumpft, sondern neben Frische auch dezente Frucht und eine gewisse Würze beisteuert. Weißburgunder aus Rheinhessen oder Südtirol mit seinen leichten Nussnoten ist hier eine gute Empfehlung. Aber auch Grauburgunder und Chardonnay passen gut zum Hähnchen, vor allem wenn Sahne im Spiel ist. Bei anderen Soßen, etwa auf Tomaten- oder Pestobasis oder mit Rotwein- oder Madeira-Anteil, sollte die Wahl auf einen Roten fallen: Leichter Spätburgunder mit seiner intensiven Frucht und deutlichen Säure wäre ebenso geeignet wie ein einfacher Barbera aus dem Piemont.

- Grauburgunder Kabinett trocken, Baden, Deutschland
- Spätburgunder Kabinett trocken, Rheinhessen, Deutschland
- Barbera d'Asti, Piemont, Italien

Backhendl

Heutzutage sagen die Leute „Chicken Nuggets“ und kaufen die panierten und in Öl gebackenen Hähnchenteile vor allem im Fastfood-Restaurant. Aber was wie eine amerikanische Erfindung aussehen und schmecken mag, hat seinen Ursprung im Österreich des 18. Jahrhunderts: Backhendl ist eine Wiener Spezialität zu der Kartoffelsalat oder Blattsalat serviert wird.

Grüner Veltliner Steinfeder, Josef Jamek, Wachau, Österreich

Was als Massenware meistens vollkommen geschmacksfrei und undefinierbar daherkommt, kann mit besten Zutaten zubereitet ein schlichtes, aber delikates Essen sein. Zu den frischen, in Semmelbrösel gehüllten und ausgebackenen Hähnchenteilen muss ein bodenständiger, aber kräftiger Weißwein auf den Tisch, der sich von der knusprigen Panade nicht einschüchtern lässt. Wie zum Wiener Schnitzel passt auch zum Backhendl oder zum panierten Hühnchen- oder Putenschnitzel am besten Grüner Veltliner mit seiner Spritzigkeit und seinem leicht pfeffrigen Aroma. Auch Riesling – egal, ob aus dem Alpenland oder aus einem deutschen Anbaugebiet – macht sich zum Knusperhahn sehr gut, neben viel Frucht steuert er vor allem feine Säure bei, die dem ganzen Gericht eine frische Dimension gibt. Weißburgunder und Silvaner sind weitere Kandidaten bei der Suche nach einem geeigneten Partner. Rotweine scheiden im Prinzip aus, aber wer es wagen will, kann einen jungen, leicht gekühlten Pinot Noir probieren.

Riesling Classic, Nahe, Deutschland

Weißburgunder, Steiermark, Österreich

Pinot Noir, Burgenland, Österreich

Brathähnchen

Huhn ist nicht gleich Huhn. Ein Grillhähnchen aus dem Imbiss hat mit einer Bresse-Poulade soviel gemeinsam wie ein Trabbi mit einem Mercedes. Gemein ist den beiden nur, dass sie zur selben Gattung gehören und ähnlich zubereitet werden, nämlich am Stück im heißen Ofen. Billige Hühner schmecken anschließend trocken und neutral, Qualitätstiere glänzen mit zartem, aromatischen Fleisch und knusprig-würziger Haut.

Côte de Beaune-Villages, Joseph Drouhin, Burgund, Frankreich

Der Deutsche trinkt zu seinem Broiler ein Pils – der Franzose gönnt sich zur Poularde entweder einen Pinot Noir oder einen Chardonnay aus dem Burgund. Die sollten allerdings nicht übermäßig kraftvoll, sondern jugendlich fruchtig daher kommen, denn das saftige, weiße Fleisch des Hühnchens kann sich sonst am Gaumen nicht durchsetzen. Der Pinot Noir von Joseph Drouhin ist violett in der Farbe, zeigt in der Nase Kirsch- und Würzaromen und ist im Mund weich und samtig. Die Chardonnays von der Côte de Beaune überzeugen durch ihre vielschichtige, fruchtig-würzige Art – sie sind aber leider meist sehr teuer. Günstigere Partner für das Brathuhn sind Cuvées aus Sémillon und Chardonnay, die vor allem in Südafrika und Australien zu finden sind. Sie bieten viel Frucht und Fülle. Schließlich ist auch Riesling ein Hühnchen-Freund, eine trockene Spätlese harmoniert gut mit gebratenem Huhn.

- Chardonnay, Burgund, Frankreich
- Sémillon/Chardonnay, South Australia, Australien
- Riesling Spätlese trocken, Pfalz, Deutschland

Coq au Vin

In Rotwein geschmortes Geflügel ist eine Spezialität aus dem Burgund. Wenn es nach Weinkritiker-Legende Hugh Johnson geht, ist im Idealfall „eine Flasche Chambertin im Gericht und zwei auf dem Tisch". Den meisten dürfte der berühmte Burgunder allerdings schon wegen seines Preises zu schade für die Zubereitung dieses Hühnchens sein – und tatsächlich kommen als Begleiter durchaus auch etwas einfachere Weine in Frage.

Bourgogne Pinot Noir, Domaine Faiveley, Burgund, Frankreich

Wer keinen Chambertin – den Lieblingswein Napoléons – zum Schmorhuhn trinken möchte, sollte auf jeden Fall einen anderen Pinot Noir aus dem Burgund wählen, einen des Traditionshauses Faiveley zum Beispiel. Auch Spätburgunder aus Deutschland, mit ihren weichen Tanninen und ihrer feinen Struktur, kommen in Frage. Einen etwas rustikaleren, aber ebenfalls passenden Akzent setzt südafrikanischer Pinotage. Und für ein in Weißwein geschmortes Huhn ist Condrieu die erste Wahl: ein komplexer und opulenter wie kostspieliger Weißer von der nördlichen Rhône mit unglaublicher Dichte und Substanz. Einer der besten Tropfen, die Frankreich zu bieten hat – und das sind nicht wenige.

Spätburgunder Spätlese trocken, Baden, Deutschland

Pinotage, Paarl, Südafrika

Condrieu, Rhône, Frankreich

Taube

Die Taube ist ein edles Tier. Ihr Fleisch ist sehr kräftig und charakteristisch im Geschmack und zeigt ein würziges Wildaroma. In der Gourmetküche besonders beliebt sind französische Tauben, die nach traditioneller – in Deutschland untersagter – Methode gewürgt werden und bei der Schlachtung nicht ausbluten. So bleibt das Fleisch außerordentlich aromatisch und behält auch beim Garen seine dunkelrote, blutige Farbe.

Haut-Médoc Cru Bourgeois, Château Citran, Bordeaux, Frankreich

Der Wein zur Taube braucht einen mächtigen Körper und markante Gerbstoffe, um den kräftigen Geschmack des Fleisches auffangen zu können. Ein vollmundiger, junger Bordeaux mit starken Tanninen und kräftiger Struktur kommt da gerade recht. Der Cru Bourgeois von Château Citran riecht und schmeckt nach dunklen Beeren und Kirschen und ist trotz intensiver Gerbstoffe doch sehr samtig. Eine ebenso kraftvolle Alternative stellen die von der tanninreichen, extrem dunklen Traube Tannat dominierten Rotweine der Region Madiran in Südwestfrankreich dar. Aber auch ein Roter aus dem kleinen spanischen Anbaugebiet Priorat, wo die Rebsorten Cariñena und Garnacha kräftige, konzentrierte und gehaltvolle Weile ergeben, macht sich gut zum Edelgeflügel. Nicht zu lange gereifter Shiraz aus dem australischen Barossa Valley wäre eine weitere Möglichkeit.

- Madiran, Südwestfrankreich, Frankreich
- Priorat Tinto, Katalonien, Spanien
- Shiraz, Barossa Valley, Australien

Wachtel

Die kleinen Feldhühnchen haben einen großen Namen in der Welt der Feinschmecker. Schon vor Jahrhunderten von Königen und Kaisern wegen ihres besonders zarten und delikaten Fleisches geschätzt, sind sie als Wildtiere, zu denen sie eigentlich zählen, praktisch verschwunden. In der gehobenen Küche – vor allem der französischen – haben sie aber einen Stammplatz.

Riesling trocken „Von den Steinterrassen", Gut Hermannsberg, Nahe, Deutschland

Mit der gleichen Umsicht, mit der die Wachtel gegart werden muss, sollte auch der begleitende Wein ausgesucht werden. Ob ein roter oder ein weißer Tropfen in Betracht kommt, hängt stark von der Soße ab, die zum Kleinhühnchen auf den Teller kommt. Zur gebratenen, mit Salat servierten Wachtel passt feiner reifer Riesling, der Gehalt und Kraft hat, aber nicht so mächtig ist, dass er das Vögelchen und seine zarte Ausstrahlung erschlägt. Auch Weißburgunder mit seiner feinen Frucht und der oft anzutreffenden leichten Nussnote harmoniert sehr gut mit der Wachtel. Als rote Alternative kommt in erster Linie Spätburgunder, also Pinot Noir, in die engere Wahl. Sein erdig-fruchtiger Charakter strebt nicht nach Dominanz, sondern ebenfalls nach Harmonie - aus dem Elsass kommen besonders mineralische, feinfruchtig-würzige Vertreter dieser Rebsorte. Aber auch die oft sehr geschmeidigen Pinot Noirs aus Neuseeland hätten zu diesem Gericht eine Chance verdient.

Weißburgunder Spätlese trocken, Rheinhessen, Deutschland

Pinot Noir d'Alsace, Elsass, Frankreich

Pinot Noir, Marlborough, Neuseeland

Fasan und Rebhuhn

Diese Wildvögel haben weiches, sehr aromatisches Fleisch. Seit jeher gehören sie in ganz Europa zum begehrtesten Wildbret. Inzwischen werden sowohl der größere Fasan als auch das kleinere, kaum eine Taube überragende Rebhuhn gezüchtet – was Kenner an der Qualität des Fleisches zu erkennen glauben. Beim Braten sollten vor allem die überaus zarten Brüste der Vögel mit einer Lage Speck vor dem Austrocknen geschützt werden.

Weinheimer Grauburgunder, Weingut Gysler, Rheinhessen, Deutschland

Ein Schwächling hat gegen den stolzen Fasan keine Chance. Ein Weißwein voller Kraft und Würze muss her. Der Grauburgunder von Alexander Gysler ist ebenso aromatisch wie der Vogel und ergänzt den feinen Wildgeflügelgeschmack sehr gut. Eine trockene, gereifte Riesling-Spätlese aus dem Rheingau wäre dazu eine interessante Alternative, die dem Vogel Frucht und Würze gleichermaßen entgegenhält. Wenn es ein Rotwein zum Fasan oder Rebhuhn sein soll, dann muss er wenig Tannin haben und geschmeidig, aber auch aromatisch sein. Pinotage aus Südafrika oder ein nicht zu kräftiger deutscher Spätburgunder bieten diese Kombination.

- Riesling Spätlese trocken, Rheingau, Deutschland
- Pinotage, Stellenbosch, Südafrika
- Spätburgunder trocken, Baden, Deutschland

Entenbrust

In Frankreich liebt man sie mit Orangen-Soße, aber auch mit Linsen, in Deutschland kommt nicht selten Rotkohl zur Entenbrust auf den Tisch. Was für das Fleisch dieses Vogels generell gilt, ist für sein bestes Stück besonders wahr: Es hat ein sehr intensives Aroma und einen ausgeprägten Geschmack und verlangt nach einem selbstbewußten, charakterstarken Partner.

Mercurey, Vignerons de Buxy, Burgund, Frankreich

Nicht nur der würzig-erdige Geschmack, sondern auch die Röstaromen und das Fett der knusprig gebratenen Haut lassen nur Weine zum Zuge kommen, die viel Frucht, Tiefe und Struktur besitzen. Wer der Entenbrust allerdings nicht mit demonstrativer Macht begegnen will, sprich mit einem vollmundigen, breiten Shiraz aus Australien oder ähnlichen Schwergewichten, der sollte auf Finesse und Eleganz setzen und damit das Zusammenspiel von Wein und Ente fördern. Vor allem Pinot Noir aus dem Burgund ist dafür geeignet: Mercurey etwa zeigt eine dichte, feine Struktur und kräftige Fruchtnoten von Kirschen und Himbeeren vor einem würzigen Hintergrund. Aber auch Rioja Reserva kommt in Frage. Ebenso mittelschwerer bis schwerer Bordeaux und ein etwas herber, tanninbetonter, aber auch warmer und harmonischer Brunello di Montalcino.

- Rioja Reserva, Rioja, Spanien
- Saint-Émilion Grand Cru, Bordeaux, Frankreich
- Brunello di Montalcino, Toskana, Italien

Gänse- und Entenbraten

Gans und Ente sind das typische deutsche Festtagsgericht und vor allem als vorweihnachtliches Essen extrem beliebt. Wer vor dem großen Fest nicht mindestens einmal Gans gegessen hat, gerät gesellschaftlich schnell ins Abseits. Meist mit Rotkohl und Kartoffeln serviert, seltener mit Wirsing oder Rosenkohl, bietet das Großgeflügel viel Fett und Fleisch mit kräftigem Eigengeschmack.

Margaux Cru Bourgeois, Château La Tour de Mons, Bordeaux, Frankreich

Ein mächtiger Wein zu einem mächtigen Gericht: Hier ist ein Wein mit viel Tannin und Alkohol gefragt. Aber auch Frucht, wie sie ein guter, nicht zu alter Bordeaux liefert, tun gebratenen Gänsen und Enten sehr gut. Denn deren Fleisch hat nicht nur einen sehr ausgeprägten, viele Beilagen dominierenden Geschmack, sondern durch das lange Braten im Ofen auch würzige Röstaromen in Hülle und Fülle. Margaux-Weine zeigen die Weichheit des Merlot mit der robusten Struktur des Cabernet Sauvignon und haben im Mund eine beeindruckende Länge, die auch beim nächsten Bratenbissen noch nicht verflogen ist. Ein reiches Bukett, viel dunkle Frucht, gut integrierte Gerbstoffe und ein langes Finale bietet auch ein toskanischer Brunello di Montalcino. Kräftiger deutscher Spätburgunder kommt ebenfalls in Betracht. Wer zu Gans oder Ente einen Weißwein trinken will, muss eine Granate wählen, einen gereiften Burgunder aus Meursault oder Montrachet zum Beispiel. Aber leider sind diese Tropfen extrem teuer, vor allem wenn sie schon ein paar Jahre auf dem Buckel haben.

- Brunello di Montalcino, Toskana, Italien
- Spätburgunder Spätlese trocken, Ahr, Deutschland
- Meursault, Burgund, Frankreich

Putenbraten

Kein Vogel ist in Amerika beliebter – zumindest nicht bei Tisch. Eigentlich ein Wildgeflügel, das schon von den Azteken geschätzt wurde, hat sich der Truthahn zum klassischen Festtagsbraten entwickelt, der vor allem zu Thanksgiving großzügig gestopft, im Ofen gebraten und schließlich mit zahlreichen Gemüsebeilagen serviert wird.

Zinfandel Lodi, Ravenswood, Kalifornien, Vereinigte Staaten

Zu ihrem geliebten Turkey trinken die Amerikaner Rotwein – meistens zumindest, denn zum traditionellen Braten wird in aller Regel eine dunkle Soße serviert. Das feste, aromatische Fleisch von Brust und Keule kommt am besten im Zusammenspiel mit einem weichen Begleiter zur Geltung, der viel Frucht ins Spiel bringt. Der einheimische, sprich kalifornische Zinfandel ist dafür wie geschaffen. Verwandt mit der italienischen Primitivo-Rebe zeigt diese Traube intensive, würzige Aromen, weiche Säure und einen sehr dichten, fruchtbetonten Körper. Ähnlich saftig und voller Frucht und Würze zeigt sich auch südafrikanischer Pinotage, der deshalb ebenfalls ein guter Partner für gebratene Pute ist. Kommt zum Turkey keine dunkle, sondern eine helle Soße auf den Tisch, passt auch Chardonnay sehr gut – auch der kann aus Kalifornien stammen und darf durchaus die typischen Holz- und Vanillenoten aufweisen, die er durch den Ausbau in Barrique bekommt . Schließlich kommt auch Grauburgunder in Frage – egal ob mit oder ohne Holznote.

Pinotage, Western Cape, Südafrika

Chardonnay, Kalifornien, Vereinigte Staaten

Grauburgunder Spätlese trocken, Baden, Deutschland

Curry-Huhn

Die Curry-Küche ist eigentlich ein eigenes Universum – so viele verschiedene Varianten gibt es. Unendlich viele Aromen und Schärfestufen. Indische Currys schmecken oft intensiv nach Tamarinde, Kurkuma oder Limette, Thai-Currys haben dagegen eher ein würzig-süßliches Aroma und oft eine deutliche Schärfe. Das zarte Hühnchenfleisch spielt für die Wahl des Begleiters im Grunde keine Rolle.

Riesling feinherb, Weingut Kühling-Gillot, Rheinhessen, Deutschland

Eine passende Begleitung für ein Curry-Gericht zu finden, ist eine schwierige Angelegenheit. Die Wahl hängt nicht so sehr von den Zutaten ab, sondern eher von der Intensität der Gewürzmischung, die das Curry erst zum Curry macht. Weine mit viel Frucht sind meistens eine gute Wahl, halbtrockene Rieslinge die beste. Mit ihrer dezenten Süße ergänzen sie die aromatische Schärfe und sorgen für eine frische Ergänzung – sowohl bei indischen als auch bei thailändischen Currys. Die exotische Fruchtigkeit von Gewürztraminer passt ebenfalls gut, und auch Sauvignon Blanc mit Stachelbeer- und Zitrusaromen kann sich als fruchtig-frischer Gegenpart bewähren. Schließlich kommt australischer Sémillon wegen seiner enormen Frische und seinem exotischen Fruchtspiel in Frage.

- Gewürztraminer halbtrocken, Pfalz, Deutschland
- Sauvignon Blanc, Stellenbosch, Südafrika
- Sémillon, Hunter Valley, Australien

Peking-Ente

Dieses extrem aufwendige Traditionsgericht der chinesischen Küche ist hierzulande inzwischen eher selten und meist nur auf Vorbestellung zu bekommen. Abgesehen von der komplizierten Zubereitung zeichnet sich die mit Honig lackierte Peking-Ente, deren Fleisch im Pfannkuchen mit Hoisin-Soße gegessen wird, vor allem durch einen sehr intensiven, süßlich-würzigen Geschmack aus.

Gewürztraminer, Klosterkellerei Muri-Gries, Südtirol, Italien

Wie zu fast allen asiatischen Entengerichten passen auch zur rot-glänzenden, knusprigen Peking-Ente Weine mit sehr fruchtiger, gehaltvoller Stilistik. Gewürztraminer mit seinen exotischen Fruchtnoten in der Nase und seinem üppigen, vollmundigen Geschmack ist die beste Wahl. Jener von der südtiroler Klosterkellerei Muri-Gries zeigt sich fast cremig im Ansatz und entfaltet am Gaumen lang anhaltende, aromatische Fruchtnoten, die sich ideal in das intensive Geschmacksbild der Ente fügen. Vollmundiger, halbtrockener Riesling aus dem Rheingau ist eine ebenso fruchtige Alternative. Wer Rotwein zur roten Ente bevorzugt, sollte einen halbtrockenen Württemberger aus Trollinger und Lemberger probieren, der mit saftiger Fruchtigkeit überzeugt. Aber auch ein junger, halbtrockener Spätburgunder käme in Frage.

- Riesling Spätlese halbtrocken, Rheingau, Deutschland
- Trollinger/Lemberger halbtrocken, Württemberg, Deutschland
- Spätburgunder halbtrocken, Rheinhessen, Deutschland

Satay-Spieße

Ursprünglich wahrscheinlich von chinesischen Immigranten in Indonesien erfunden, werden die kleinen mit Hühnchen- oder anderem Fleisch bestückten Bambus-Grillspieße inzwischen überall in der Welt mit wachsender Begeisterung verzehrt. Serviert wird dazu fast immer eine würzig-süße Erdnuss-Soße, mitunter aber auch die typisch südostasiatische süße Chili-Sauce.

Riesling Nonnengarten halbtrocken, Weingut Hensel, Pfalz, Deutschland

Achtung Erdnuss! Die eigentlich nicht zu den Nüssen, sondern zu den Hülsenfrüchten zählenden kleinen Knabber-Dinger sind keine Weinfreunde. Mit ihrem hohen Fettgehalt und süßlichen Aroma verkleben sie schnell den Gaumen – erst recht, wenn sie als pikante Soße auf den Tisch kommen. Am besten kommen mit dieser Herausforderung noch halbtrockene Rieslinge zurecht, die der süßlichen Pampe eigene Süße aber auch lebendige Säure entgegensetzen können. Der halbtrockene Nonnengarten von Thomas Hensel ist wie gemacht dafür. Gewürztraminer aus dem Elsass könnte man ebenfalls in die engere Wahl nehmen, aber auch einen ebenso frischen wie exotisch-fruchtigen Sémillon aus Australien. Und wem Wein zur Erdnuss-Soße zu schade ist, der sollte sich ein kaltes Lager-Bier oder besser noch ein aromatisches Pale Ale bestellen.

Gewürztraminer, Elsass, Frankreich

Sémillon, Barossa Valley, Australien

Fuller's London Pride, London, Großbritannien

Tandoori Chicken

Der Tandoor ist ein traditioneller indischer Lehmofen, in dem Fladenbrot und Fleisch über Holzkohle gebacken wird. Tandoori Masala nennt sich die Mischung aus Chili, Koriander, Knoblauch, Kardamom und anderen Gewürzen, mit der das Fleisch zuvor über Nacht mariniert wird und die ihm eine typische rote Farbe und einen intensiven würzig-scharfen Geschmack gibt.

Gewürztraminer „Kleinstein", Kellerei Bozen, Südtirol, Italien

Scharfer Chili ist ein Freund aromatischer Weine – und das selbst dann, wenn die feurige Frucht nur Teil einer Gewürzmischung ist, die ihr intensives Aroma an das zarte Hühnchenfleisch abgegeben hat. Zu Tandoori-Gerichten passen deshalb, wie zu fast allen indischen Gerichten, Tropfen aus der Gewürztraminer-Traube mit ihrer ausgeprägten, exotischen Fruchtaromatik. Auch halbtrockene Rieslinge beleben das typisch indische Geschmacksbild. Nicht so viel Aromatik, dafür aber eine enorme Fruchtigkeit, legen viele spanische Rosé-Weine an den Tag, auch sie sind deshalb eine angenehme Wahl zum Tandoori-Mahl. Schließlich wäre eine feinfruchtige Cuvée aus Chenin Blanc und Chardonnay – eine in Südafrika beliebte Kombination – eine Möglichkeit.

- Riesling feinherb, Mittelrhein, Deutschland
- Rosado, La Mancha, Spanien
- Chenin Blanc/Chardonnay, Coastal Region, Südafrika

Strauß

Nicht nur die großen Eier, die ledrige Haut und die langen Federn, sondern inzwischen vor allem das dunkle, fast fettfreie Fleisch machen den Strauß weit über seine südafrikanische Heimat hinaus begehrt. Auch in Europa gibt es schon Straußenfarmen, die die aromatischen, cholesterinarmen, eher an Rind als an Geflügel erinnernden Vogelsteaks unter die Leute bringen.

Shiraz, Neil Ellis, Stellenbosch, Südafrika

Der große Vogel braucht einen großen Begleiter. Shiraz ist die beste Wahl. Die andernorts als Syrah bekannte Traube liefert dunkle, konzentrierte Tropfen – und der Tropfen vom südafrikanischen Winzerstar Neil Ellis ist in seiner opulenten Ausstrahlung kaum zu schlagen: Seine Röstnoten, sein intensives Beerenfruchtaroma und seine geschmeidigen Gerbstoffe sind wie gemacht für das würzige Straußenfleisch. Ein weiterer guter und noch dazu ebenfalls einheimischer Partner ist der für Südafrika typische Pinotage mit seiner tiefen Frucht und deutlich pfeffrigen Würze. In Kalifornien gibt es zwar keine Straußenfarmen, dafür aber einen Wein, der wie der Pinotage mit seiner Kombination aus beeriger Frucht und feinen Würzaromen sehr gut zum dunklen Fleisch der Großvögel passt: der mit dem italienischen Primitivo verwandte Zinfandel. Wer keine Tropfen aus der Neuen Welt zur Hand hat, sollte zu einem vollmundigen Rhône-Wein oder zu einem Tropfen aus dem portugiesischen Douro-Tal greifen.

- Pinotage, Western Cape, Südafrika
- Zinfandel, Kalifornien, Vereinigte Staaten
- Douro Tinto, Douro, Portugal

Fleisch

Steak

Intensive Röstaromen, saftiger Fleischgeschmack – es geht doch nichts über ein gutes Steak. Der Gipfel des deftigen Genusses sind die großen Rippen-Stücke, die am Knochen gebraten oder gegrillt werden, damit sie schön saftig bleiben: T-Bone in Amerika, Bistecca Fiorentina in Italien und Côte de Bœuf in Frankreich.

Medoc Cru Bourgeois, Château Haut-Myles, Bordeaux, Frankreich

Zum Rindersteak muss ein Rotwein auf den Tisch, der viel Kraft, deutliche Tannine und üppige beerige Frucht mitbringt. Die Rebsorte Cabernet Sauvignon ist wie gemacht für diese Aufgabe, und aus dem Bordeaux kommen traditionell die Weine, die am besten zu kurzgebratenem Rindfleisch passen. Sie haben immer auch einen spürbaren Anteil Merlot und Cabernet Franc, was die Tropfen geschmeidiger und runder macht, ihnen aber die Kraft und feine Struktur lässt. Auch amerikanische Weine aus Cabernet Sauvignon machen sich gut zum Steak, jene aus Zinfandel allerdings ebenso, vor allem zu Gegrilltem. Im Steak-Land Argentinien wird vor allem Malbec zum Fleisch getrunken, und in Australien wuchtiger Shiraz.

- Zinfandel, Kalifornien, Vereinigte Staaten
- Malbec, Mendoza, Argentinien
- Shiraz, Southern Australia, Australien

Rinderfilet

Egal, ob in Rotwein pochiert, kurz angebraten und im Ofen gegart oder in einem Teigmantel gebacken: Das Filet vom Rind zeigt immer, dass es das beste Stück ist. Seine ganze saftig-fleischige Fülle kann es am besten ausspielen, wenn es auf den Punkt gebracht wird, sprich durch und durch rosa auf den Teller kommt. Bei Gourmets sehr beliebt ist die Kombination mit Gänseleber und Trüffel, genannt „Filet de Bœuf Rossini".

Saint-Émilion Grand Cru, Château Franc Lartigue, Bordeaux, Frankreich

Ein eleganter Bordeaux ist der ideale Partner des Rinderfilets, denn nur ein Wein mit viel Gehalt, offensiver Frucht und großer Tiefe kann dieses Premiumstück veredeln. Vor allem die Weine aus den Cru-Lagen von Saint-Émilion bieten feinfruchtige Harmonie und eine gewisse Seidigkeit, die der Qualität des Fleisches angemessen ist. Ein weiterer guter Partner für Rinderfilet – vor allem in der Kombination mit Trüffel – ist Barolo aus dem Piemont. Überhaupt passen Weine aus der Nebbiolo-Traube hervorragend zum Rind. Ein typisch österreichischer Begleiter wäre der spätreifende Blaufränkisch, der in Württemberg den Namen Lemberger trägt. Die besten, tiefdunklen, mit vollen Beeren- und Fruchtaromen, aber auch kräftigen Gewürztönen ausgestatteten Weine dieser Traube kommen aus dem Burgenland. Eine weiße Alternative schließlich kommt aus dem Rheingau: Ein Riesling Großes Gewächs zeigt enorm vollen, fruchtigen Schmelz und einen festen Körper.

- Barolo, Piemont, Italien
- Blaufränkisch, Burgenland, Österreich
- Riesling Großes Gewächs, Rheingau, Deutschland

Rinderbraten

Mürbes Fleisch, kräftige, dunkle Soße, üppige Beilagen: Der Rinderbraten ist das urtypische deutsche Sonntagsgericht. Für die Auswahl des Weines kommt es entscheidend auf die Soße an. Denn je stärker das Fleisch angebraten wird, desto intensiver wird die Soße – und desto vollmundiger und gehaltvoller sollte auch der Wein sein, der dazu serviert wird. Das gilt vor allem beim klassischen Sauerbraten, der von einer schweren, fast süßlichen Soße begleitet wird.

Lemberger trocken, Weingut Graf Neipperg, Württemberg, Deutschland

Der tiefrote Lemberger – der in Österreich Blaufränkisch heißt – begegnet dem Rinderbraten mit einer vollen Ladung Frucht. Die bietet auf der einen Seite einen schönen Kontrast zu den intensiven Röstaromen und dem würzigen Fleischgeschmack, harmoniert aber auch mit der breiten ausladenden Soße. Der trockene Lemberger vom Grafen Neipperg präsentiert sich weich und rund und hat auch genug Alkohol, um diesem üppigen Gericht etwas entgegensetzen zu können. Auch Barolo und Barbaresco aus dem Piemont sind vollmundig und fruchtig, haben oft aber auch eine deutliche, für die Nebbiolo-Traube typische Lakritz-Note, die das Geschmacksbild des Rinderbratens wunderbar ergänzt. Auch Weine aus der Syrah-Traube, die in Übersee den Namen Shiraz trägt, kämen in Betracht, zum Beispiel Châteauneuf-du-Pape, aber auch andere Tropfen von der Rhône. Schließlich macht man auch mit einem kräftigen, nicht zu jungen Bordeaux oder einer ähnlichen Cuvée aus Übersee keinen Fehler.

- Barolo, Piemont, Italien
- Châteauneuf-du-Pape, Rhône, Frankreich
- Cabernet Sauvignon/Merlot, Western Cape, Südafrika

Roastbeef

Das Zwischenrippenstück ist eines der begehrtesten Teile des Rindes. Es liefert beste Steaks und eignet sich gut als Braten, was ihm seinen englischen Namen Roastbeef verliehen hat. Am Stück bei niedriger Temperatur rosa gebraten, bleibt es zart und saftig. Engländer lieben es als warmen Sonntagsbraten mit Yorkshire-Pudding, hierzulande wird es meist in dünnen Scheiben kalt mit Bratkartoffeln und Remoulade serviert.

Deidesheimer Herrgottsacker Riesling trocken, Weingut Reichsrat von Buhl, Pfalz, Deutschland

Ebenso wie als Soßenbeilage zum Roastbeef die Remouladensoße kaum zu schlagen ist, schlägt als Weinbegleiter der Riesling alle anderen Tropfen aus dem Feld. Dunkles Fleisch harmoniert nämlich nicht ausschließlich mit Roten, sondern lässt sich auch von einem trockenen, aber hellfruchtig-schmelzigen Riesling vortrefflich umgarnen. Allerdings muss dieser Tropfen eine Menge Kraft und Gehalt mitbringen, um gegen das von Röstnoten geprägte Fleisch, die knusprigen Bratkartoffeln und die deftig-cremige Remoulade nicht unterzugehen. Am besten machen sich Spätlesen und Lagen-Rieslinge wie jene vom Pfälzer Weingut Reichsrat von Buhl, die dem Gericht trotz ihrer Kraft auch frische Spritzigkeit verleihen können. Auch breitschultrige Grauburgunder kommen dafür in Frage. Wer unbedingt Rotwein trinken möchte, sollte fruchtig-frischen Beaujolais Villages oder einen einfachen Bordeaux wählen.

- Grauburgunder Spätlese trocken, Baden, Deutschland
- Beaujolais Villages, Burgund, Frankreich
- Médoc Cru Bourgeois, Bordeaux, Frankreich

Lammbraten

Auf den britischen Inseln kommt Lamm zwar nicht mit den in der südeuropäischen Küche beliebten Kräutern und vor allem viel Knoblauch in den Ofen, dafür aber mit der ebenso traditionellen wie intensiven Mintsauce auf den Tisch. Die passt zwar gut zu dem aromatischen Braten, setzt aber jedem Wein gewaltig zu. Weinfreundlicher sind mediterrane Zubereitungen.

Barbaresco, Produttori del Barbaresco, Piemont, Italien

Voller Kräuteraromen und mit dem typischen, feinen Lammgeschmack gesättigt, freut sich rosa gebratene Keule oder Schulter vom Schäfchen über einen Begleiter von Statur und Charakter. Ein Roter muss es sein, und am besten machen sich Weine aus der piemonteser Nebbiolo-Traube, die sehr ausdrucksstark und tanninreich sind und im Gegensatz zum Lamm mit zunehmendem Alter immer besser werden. Vielleicht die besten Tropfen dieser Art kommen von der Genossenschaft Produttori del Barbaresco, die Jahr für Jahr bezahlbare Weine von bestechender Qualität liefert. Die kräftigen, vor allem aus Syrah gekelterten Rotweine von der Rhône passen ebenfalls sehr gut zum Lamm, wie auch jene, die in Australien aus der verwandten Shiraz-Traube gemacht werden. Schließlich kommen auch portugiesischer Douro Tinto und sardischer Cononau in Frage. Aber wenn sich eine alles dominierende Mintsauce auf dem Teller breitmacht, hilft nur eins: ein gutes englisches Ale.

- Côtes du Rhône, Rhône, Frankreich
- Douro Tinto, Douro, Portugal
- Cannonau, Sardinien, Italien

Kurzgebratenes Lamm

Lämmer liefern nicht nur hervorragende Braten, sondern auch beste Koteletts (Karrees), Rückenstücke (Lachse) und Filets. Das Fleisch ist sehr zart und verbreitet typische Kräuternoten. Die Filets sind besonders fein im Aroma und erwarten Finesse vom begleitenden Wein. Koteletts dagegen schmecken wegen ihres Fettanteils viel kräftiger und verlangen nach einem standfesteren Tropfen, der es mit starken Aromen aufnehmen kann.

Rioja Reserva, Barón de Ley, Rioja, Spanien

Für Lamm, das nur kurz in der Pfanne gebraten und dann mit einem rosa-farbenden Kern serviert wird, kommt ein mittelschwerer Rotwein mit viel Frucht und Vanilletönen in Frage, ein Rioja zum Beispiel. Der Barón de Ley Reserva wird zu hundert Prozent aus Tempranillo gekeltert und gefällt durch seine feinen Vanille- und Gewürznoten sowie seinen an Lakritze und Waldbeeren erinnernden, weichen Fruchtgeschmack. Seine gute Reife und feste Struktur kommt auch mit deftigen Karrees gut klar. Überhaupt passen viele spanische Weine, etwa aus der Navarra oder dem Monsant. Auch mit Bordeaux liegt man beim Lamm meist richtig, schließlich kommen aus dem Pauillac nicht nur die berühmten, französischen Lämmer, sondern auch große Tropfen. Ebenso sind Weine aus Cabernet Sauvignon eine gute Wahl, jene aus Südafrika sind meist nicht ganz so breit wie Tropfen aus Amerika oder Australien. Zum Filet passt auch ein deutlich leichterer, fein strukturierter Pinot Noir aus Neuseeland, der Heimat der meisten Lämmer, die bei uns auf den Tisch kommen.

- Pauillac Cru Bourgeois, Bordeaux, Frankreich
- Cabernet Sauvignon, Western Cape, Südafrika
- Pinot Noir, Hawke's Bay, Neuseeland

Ossobuco

Die geschmorte Kalbshaxe ist ein Klassiker der italienischen Küche. Obwohl eher der Kategorie „weißes Fleisch" zuzuordnen, ergeben die mit Tomaten, Zwiebeln und anderem Gemüse in Weißwein oder Fleischbrühe weichgeschmorten Beinscheiben ein deftiges, gehaltvolles Gericht, zu dem bodenständige Rotweine passen, die nicht zu tanninreich, sondern frisch und fruchtbetont sind.

Valpolicella Classico, Allegrini, Venetien, Italien

Valpolicella kommt aus dem Gebiet nördlich von Verona und ist ein fruchtiger, herzhafter Rotwein. Er wird jung getrunken und besticht durch frische Säure und deutliche Kirsch- und Beerenaromen. Er ist kräftig genug, um dem deftigen Ossobuco mit seiner tiefen, mediterranen Würze standzuhalten und fungiert gewissermaßen als belebender, fruchtiger Gegenpart. Von einfachen Valpolicellas ist allerdings abzuraten, ein Classico oder Superiore sollte es schon sein. Ebenso passend zur Kalbshaxe wäre ein Dolcetto d'Alba aus dem Piemont oder ein möglichst junger Chianti Classico aus der Toskana. Schließlich noch eine Alternative außerhalb Italiens: junger Zweigelt aus dem kleinen österreichischen Gebiet Carnuntum oder vom Neusiedlersee.

- Dolcetto d'Alba, Piemont, Italien
- Chianti Classico, Toskana, Italien
- Zweigelt, Neusiedlersee, Österreich

Schweine- und Kalbsbraten

Was wäre die deutsche Küche ohne den Schweinebraten? Ein großes von Fettadern durchzogenes Stück mit saftigem Fleisch und knuspriger Kruste, serviert mit Kartoffelknödeln und einer hellbraunen Soße vom würzigen Bratenfond – ein typischeres Sonntagsessen lässt sich kaum denken. Der Braten vom Kalb hat weniger Fett und ist etwas feiner, schmeckt im Zusammenspiel mit den Beilagen aber ähnlich.

Riesling Berg Rottland, Weingut Georg Breuer, Rheingau, Deutschland

Ein kräftiger, schmelziger Riesling – so wie es die besten Vertreter aus dem Rheingau sind – macht sich sehr gut zu diesem rustikalen Gericht. Der Berg Rottland aus Rüdesheim bietet kraftvolle Frucht, viel Würze und feinen Schmelz, der sowohl zum delikaten Fleisch als auch zur deftigen Kruste des Bratens passt. Auch Rieslinge aus anderen Anbaugebieten kommen in Frage, vor allem aus der Pfalz. Ein nicht zu schwerer, eher von jugendlicher Frucht und Leichtigkeit geprägter Spätburgunder passt ebenfalls, zum Beispiel ein Assmannshäuser Höllenberg von den Hessischen Staatsweingütern, aber auch Tropfen aus Rheinhessen kommen in Frage. Schließlich macht roter Rioja eine erstaunlich gute Figur zu Schwein und Kalb – was den Bayern selbstverständlich nicht davon abhält, weiterhin ein schönes, kühles Weißbier zu seinem Schweinebraten zu trinken.

Spätburgunder trocken, Rheinhessen, Deutschland

Rioja Reserva, Rioja, Spanien

Hacker-Pschorr Weißbier, München, Deutschland

Wiener Schnitzel

Nicht nur in Wien kommt paniertes Schnitzel auf den Tisch – aber von dort stammt der Klassiker: dünn geschnittenes Kalbsschnitzel in einer lockeren, knusprigen Panade. Dazu Gurkensalat und Petersilienkartoffeln. Aber auch Schweineschnitzel und Schweinekoteletts werden paniert, und aus Frankreich oder der Schweiz stammt das Cordon Bleu, ein mit Käse und Schinken gefülltes, paniertes Schnitzel von Kalb oder Schwein.

Grüner Veltliner, Weingut Bründlmayer, Kamptal, Österreich

Zum österreichischen Klassiker einen österreichischen Klassiker: Wer echtes Wiener Schnitzel isst, sollte Grünen Veltliner mit seiner feinen Frucht und seinem leicht-spritzigen, pfeffrigen Aroma trinken, zum Beispiel jenen von Willi Bründlmayer aus dem Kamptal. Ähnliche Freude spendet ein österreichischer Riesling, aber auch Rieslinge aus Deutschland sind jedem Schnitzel (ob nun vom Kalb oder vom Schwein) ein frischer, spritziger Begleiter. Wenn es Rotwein sein soll, dann wählt man unbedingt einen sehr leichten, sehr fruchtigen, ohne viel Volumen oder Tannine, Beaujolais zum Beispiel. Oder einen leichten, jungen Spätburgunder aus Deutschland oder weichen, fruchtigen Pinot Noir aus Neuseeland.

- Riesling trocken, Hessische Bergstraße, Deutschland
- Beaujolais Villages, Burgund, Frankreich
- Pinot Noir, Waipara, Neuseeland

Kalbsschnitzel

In Italien werden kleine, dünne Kalbsschnitzel – genannt Scaloppine – in etlichen Variationen zubereitet: mit Schinken und Salbei als Saltimbocca, in zarter Zitronensoße oder kräftigem Marsala. In Südfrankreich werden die kurz und ohne Panade gebratenen Schnitzelchen oft mit Zitrusfrüchten kombiniert. Zum zarten, aromatischen Kalbsfleisch passt am besten mittelschwerer Weißwein.

Pinot Grigio, Jermann, Friaul, Italien

Zu italienischen Scaloppine ist ein Pinot Gris der beste Partner. Er bringt viel fruchtige Frische mit und versteht sich deshalb problemlos mit Zitrusaromen in Soße oder Beilagen; er ist auf der anderen Seite aber auch kräftig und vollmundig genug, um bei deftigeren Varianten und würzigen Soßen nicht unterzugehen. Vor allem zum salzig-würzigen Saltimbocca macht er eine gute, fast spritzige Figur. Auch Grauburgunder aus Deutschland oder Österreich wären zum Kalbsschnitzel eine gute Wahl, ebenso wie Weißburgunder. Schließlich kommt noch Chardonnay in Frage. Allerdings nur solche, die ihre Reife nicht in einem kleinen Holzfass, sprich Barrique, bekommen haben. Statt kräftiger Holz- und Toastnoten sollten sie Fruchtigkeit und Frische haben. Im Friaul gibt es solche Vertreter, aber auch in Frankreich, etwa im Languedoc.

- Grauburgunder Kabinett trocken, Baden, Deutschland
- Weißburgunder Kabinett trocken, Pfalz, Deutschland
- Chardonnay Vin de Pays d'Oc, Languedoc, Frankreich

Tafelspitz

Das österreichische Nationalgericht ist auch bei uns Teil der bürgerlichen Küche. Mit Gemüse wird ein Stück aus der Rinderkeule in Brühe mürbe gekocht und dann in fingerdicken Scheiben mit Gemüse, Kartoffeln und vor allem einer kleinen Portion Meerrettich serviert. Tafelspitz ist bekömmlich, aromatisch und der Beweis dafür, dass es bei der Weinwahl auf die Zubereitung ankommt: Denn zu diesem Rindfleisch muss man natürlich einen Weißen trinken.

Grüner Veltliner Wechselberg, Johann Topf, Kamptal, Österreich

Der Grüne Veltliner mit seinen feinen Fruchtaromen und seiner leicht pfeffrigen, mineralischen Note gibt dem Tafelspitz einen zusätzlichen Frische-Kick und versteht sich auch gut mit dem zarten Gemüse. Die Frische könnte allerdings auch von einem jungen Riesling von der Mosel kommen, der mit Frucht, Mineralik und spritziger Säure ausgestattet ist. Etwas zurückhaltender in der Säure präsentiert sich gemeinhin Silvaner, zum Tafelspitz sollte es deshalb schon eine etwas kräftigere Spätlese sein. Rote sind zum Tafelspitz ebenso wie zu Kronfleisch, Wellfleisch oder anderen Zubereitungen von gekochtem Fleisch tabu – es sei denn, sie werden weiß gekeltert. Als Blanc de Noir von seinen Tanninen befreit, kommt tatsächlich auch Spätburgunder in Frage.

- Riesling Spätlese trocken, Mosel, Deutschland
- Silvaner Spätlese trocken, Franken, Deutschland
- Spätburgunder Blanc de Noir, Pfalz, Deutschland

Zürcher Geschnetzeltes

Im Gegensatz zum klassischen Kalbsragout wird das Fleisch für diese Schweizer Spezialität nicht geschmorrt. Für Zürcher Geschnetzeltes, das längst zum internationalen Bistro-Standard avanciert ist, wird Kalbsfilet in dünne Streifen geschnitten, in Butter angebraten, mit Wein abgelöscht und meist mit Champignons in einer Rahmsoße gegart. Typische Beilage sind knusprige Kartoffel-Rösti.

„Les Mazots" Fendant de Sion, Domaine Maurice Gay, Wallis, Schweiz

Das Kalbsgeschnetzelte braucht einen stabilen, gehaltvollen Begleiter, der nicht nur mit dem Fleisch und dem Rösti klarkommt, sondern vor allem mit der cremig-sahnigen Soße. Am Ursprungsort dieses Traditionsgerichtes kommt nur eins ins Glas: Schweizer Fendant. Gekeltert aus der Chasselas-Traube, die in Deutschland Gutedel heißt, hat dieser Wein aus dem Wallis die Frische, die dem Ragout fehlt. Außerdem imponiert er mit viel Frucht, einer angenehm zurückhaltenden Säure und einer deutlichen mineralischen Note. Auch ein deutscher Gutedel wäre ein guter Begleiter für Geschnetzeltes, ebenso der sowohl in der Schweiz als auch in Deutschland verbreitete Müller-Thurgau. Außerdem kommen Weine mit ganz leichter Barrique-Note in Betracht, etwa Weißburgunder aus Baden oder Chardonnay aus dem Burgund. Zudem macht Silvaner zum sahnigen Schmelz, der Fleisch und Pilze umhüllt, eine gute Figur, am besten eine Spätlese.

- Gutedel trocken, Baden, Deutschland
- Weißburgunder Kabinett trocken, Baden, Deutschland
- Silvaner Spätlese trocken, Franken, Deutschland

Schweinefilet

Das beste Stück vom Schwein ist ausgesprochen zart, neigt bei Übergarung aber schnell zur Trockenheit. Meistens zu Medaillons geschnitten wird das Filet deshalb häufig mit üppigen Rahmsoßen kombiniert – die mit Cognac, Orange oder grünem Pfeffer eine besondere Note bekommen – die gut zum süßlich-aromatischen Schweinefleisch passen.

Silvaner Babenberg Spätlese trocken, Weingut Bickel-Stumpf, Franken, Deutschland

Für Schweinefilet in klassischer Orangensoße bietet sich Silvaner als Begleiter an. Allerdings sollte es eine Spätlese mit entsprechender Tiefe und Kraft sein, sonst wird der Wein schnell vom Aroma des Fleisches und dem Schmelz der Soße überlagert. Silvaner spiegelt insbesondere die Zitrusnoten des Gerichts wider und steuert noch weitere exotische Frucht bei. Aprikosen, Ananas und Bananen finden sich auch im Duft des Weißburgunders, und wenn er als Spätlese ins Glas kommt, hat er außerdem einen erstaunlich kräftigen Körper, der dem Filet die Stirn bieten kann. Auch ein leicher Pinot Noir ist denkbar, vor allem, wenn das feine Schwein und seine Soße mit Cognac oder grünem Pfeffer eine besonders würzige Dimension bekommen. Mercurey aus dem Burgund wäre ein solcher Partner, aber auch Spätburgunder aus einem deutschen Anbaugebiet.

- Weißburgunder Spätlese trocken, Pfalz, Deutschland
- Mercurey, Burgund, Frankreich
- Spätburgunder trocken, Rheinhessen, Deutschland

Gulasch

Dieser von den Magyaren erfundene Hirteneintopf mit geschmortem Rindfleisch, Zwiebeln und einer gewaltigen Portion Paprika hat es in Ungarn bis zum Nationalgericht gebracht. In manchen Varianten kommt auch Hammel- oder Schweinefleisch in den Topf – mitunter auch alles gemischt. Davon hängt auch ab, welchen Wein man zum Gulasch am besten trinkt: Das deutlich mächtigere, reine Rindergulasch verlangt nach vollmundigen Rotweinen, leichteres Schweinegulasch kann sich auch mit Weißweinen vertragen – vorausgesetzt, sie haben genügend Kraft und möglicherweise auch eine Barrique-Note.

Lemberger trocken, Weingut Dautel, Württemberg, Deutschland

In Deutschland heißt sie Lemberger, in Österreich Blaufränkisch und in Ungarn, dem klassischen Gulasch-Land, Kékfrankos – die Traube ist aber überall die gleiche und besticht durch ihr volles Beerenaroma und ihre geschmeidige Würzigkeit, die das deftige Gulasch wunderbar ergänzen. Eine Alternative wäre ein österreichischer Zweigelt – vorzugsweise aus dem Burgenland oder vom Neusiedlersee. Eine weitere Möglichkeit ein junger Shiraz vom fünften Kontinent, der mit unbändiger Kraft, Fülle und Frucht auch sehr deftiger Würze standhalten kann. Ganz und gar andere Akzente setzt irisches Guinness: nicht unbedingt mehrheitsfähig, aber zum Gulasch eine Wucht!

Zweigelt, Burgenland, Österreich

Shiraz, Barossa Valley, Australien

Guinness, Dublin, Irland

Rinderrouladen

Die Italiener nennen ihre Rouladen „Involtini“ und rollen dafür vor allem Kalbs- und Schweinefleisch. Die deutsche Rinderroulade dagegen wird mit Senf, Speck, Zwiebeln und Gewürzgurke gefüllt, geschmort und mit Rot- oder Rosenkohl serviert. Die dunkle, intensive Soße steigert den ohnehin vorhandenen Aromenreichtum des Gerichts noch.

Zweigelt Classic, Philipp Grassl, Carnuntum, Österreich

Saft und Kraft sollte der Wein zur Roulade haben – und viel rote Frucht! Österreichischer Zweigelt bietet genau das: Die Neuzüchtung aus den zwanziger Jahren des vergangenen Jahrhunderts ist sehr substanzreich, fruchtig und mit weichen Tanninen ausgestattet. Sie ist vor allem am Neusiedlersee verbreitet, bringt aber auch in dem kleinen Gebiet Carnuntum erstaunlich füllige Weine hervor. Der Zweigelt Classic von Philipp Grassl duftet nach Kirschen und Zwetschgen, und zeigt am Gaumen saftige, dunkelbeerige Frucht. Doch auch die zweite, in der Alpenrepublik sehr beliebte, rote Sorte passt gut zur Reichhaltigkeit der Roulade: Blaufränkisch, die in Deutschland Lemberger heißt. Ebenso wäre vollmundiger Spätburgunder, möglicherweise sogar ein halbtrockener, eine gute Wahl. Und wer es ganz rustikal und unkompliziert mag, der trinkt einen trockenen Dornfelder.

- Blaufränkisch, Burgenland, Österreich
- Spätburgunder trocken, Württemberg, Deutschland
- Dornfelder trocken, Pfalz, Deutschland

Königsberger Klopse

Königsberg heißt längst Kaliningrad, und statt zu Preußen gehört die Stadt heute zu Russland – aber die berühmten Klopse, denen sie ihren Namen gegeben hat, gehören noch immer zu den bekanntesten der deutschen Küche. Die Klopse sind in Salzwasser gekochte Hackbällchen, die in einer hellen Soße mit Kapern auf den Tisch kommen. Dazu werden traditionell Kartoffeln und Rote Beete gereicht.

Bacharacher Riesling Kabinett trocken, Weingut Toni Jost, Mittelrhein, Deutschland

Zu Königsberger Klopsen kann man nur Weißwein trinken. Rotweine sind – wie bei Kohlrouladen, die meistens ebenfalls mit Mehl- oder Sahnesoße aufgetischt werden – ausgeschlossen. Am besten passt ein unkomplizierter, fruchtiger Tropfen, der dem deftig-erdigen Geschmack des Gerichts eine angenehme Frische verleiht und der rustikalen Würze eine leichte Fruchtsüße und spürbare Mineralität entgegenhält. Trockener oder feinherber Riesling – zum Beispiel vom Mittelrhein – mit seiner markanten Säure und seinem eleganten Fruchtspiel ist für die Klopse die erste Wahl. Silvaner und Müller-Thurgau vertragen sich mit den verschiedenen Aromen des Traditionsgerichts aber ebenso, präsentieren sich nur bei der Säure deutlich zurückhaltender. Einen etwas kräftigeren, weniger blumig-fruchtigen Akzent setzt Grauburgunder, der aber gut mit der hellen Soße harmoniert.

- Silvaner Kabinett trocken, Rheinhessen, Deutschland
- Müller-Thurgau trocken, Franken, Deutschland
- Grauburgunder trocken, Pfalz, Deutschland

Hackbällchen in Tomatensoße

Die mediterrane Antwort auf die ostpreußischen Königsberger Klopse heißt Albondigas und wird in Spanien in jeder Tapas-Bar aufgetischt. Aber auch in Italien sind würzige Fleischbällchen in Tomatensoße ein beliebtes Essen. Chilipulver ist für die Schärfe der Albondigas verantwortlich, Sherry und Knoblauch steuert intensives Aroma bei.

Marqués de Riscal Rioja Reserva, Bodegas Herederos del Marqués de Riscal, Rioja, Spanien

Anders als die Klopse aus dem Osten werden jene aus dem Süden nicht in Wasser oder Brühe gekocht, sondern in der Pfanne gebraten – was ihnen intensive Röstaromen verleiht. Zusammen mit der scharfen Tomatensoße entsteht so ein Gericht mit enormer Würze, zu dem am besten spanische Rotweine aus der Tempranillo-Traube schmecken. Der Rioja Reserva von Marqués de Riscal liefert Kirsch-, Vanille- und typische Rauchnoten und trotz großer Fruchtigkeit auch eine lebhafte Tanninstruktur. Die verleihen ihm das nötige Rückgrat für die Liaison mit den pikanten Bällchen. Ebenso gut eignen sich die Weine aus dem Gebiet Valdepeñas. Aber auch in Italien gibt es Tropfen, die mit scharfen Hackbällchen in Tomate eine harmonische Verbindung eingehen. Vielleicht gelingt das Morellino di Scansano am besten, der wie Chianti aus der Sangiovese-Traube gekeltert wird und sich wie dieser mit unerhörter Kirschfrucht, aber auch deutlichen Gerbstoffen präsentiert. Viel weicher, aber mit tomatigen Soßen immer ein Genuss ist schließlich Barbera aus dem Piemont.

- Valdepeñas Reserva, Valdepeñas, Spanien
- Morellino di Scansano, Toskana, Italien
- Barbera d'Alba, Piemont, Italien

Hackbraten

Wenn es im alten Berlin für einen richtigen Sonntagsbraten nicht reichte, kam „Falscher Hase" auf den Tisch. Zur Großbulette geformtes, mit eingeweichten Schrippen gestrecktes Hack von Rind und Schwein wird dafür scharf angebraten und im Ofen gegart. Dazu gibt es Kartoffeln und vor allem eine kräftige, dunkle Soße, die die Illusion vom echten Sonntagsbraten perfekt macht. Das Herz des Hasen ist ein gekochtes Ei, das im Innern des Laibs wartet.

Grand Marrenon, Cellier de Marrenon, Côtes du Luberon, Frankreich

Zum falschen Hasen sollte ein saftiger, vollmundiger Wein ins Glas. Zum Beispiel der großartige Grand Marrenon, den die Winzergenossenschaft Marrenon im südlichen Rhônetal, am Rande der Provence aus Syrah und Grenache keltert. Trollinger aus Württemberg ist süffiger und unkomplizierter – ganz so wie es der Berliner mag. Zum würzigen Bratengericht steuert er viel angenehme, zartsüße Frucht und einen leicht herben Abgang bei. Viele schwäbische Weingüter haben aber auch Trollinger mit einem Anteil von Lemberger im Programm – das wäre ebenfalls eine Möglichkeit für den Hackbraten. Spätburgunder, möglicherweise sogar ein halbtrockener, könnte es mit seinen fruchtigen und erdigen Aromen ebenso mit dem nachgemachten Braten aufnehmen; und ein junger Bordeaux sowieso. Im übrigen schmeckt zum Hackbraten wie zum Shepherd's Pie, dem traditionellen, englischen Hackfleischauflauf, natürlich auch ein Bier sehr gut.

Trollinger trocken, Württemberg, Deutschland

Spätburgunder halbtrocken, Ahr, Deutschland

Berliner Kindl Jubiläums Pilsener, Berlin, Deutschland

Leber

Viel wertvolles Eiweiß, Eisen und Vitamine schlummern in der Leber – dennoch ist diese Innerei nicht jedermanns Sache. Für Köche und Feinschmecker ist die Kalbsleber die zarteste und schmackhafteste Leber. Sie hat ein charakteristisches, leicht bitteres Aroma und wird hierzulande meist nach Berliner Art serviert, sprich in Butter in der Pfanne gebraten und mit gebratenen Zwiebeln und Apfelspalten aufgetischt.

Blaufränkisch, Weingut Gerhard Markowitsch, Carnuntum, Österreich

Mit ihren starken Röstaromen und ihrer schmelzigen Konsistenz freut sich die Leber über einen Gegenpart, der Frucht und Würze miteinander verbindet – so wie die Weine aus der Blaufränkisch-Traube. Mit seiner vollmundigen Kirsch- und Beerenfrucht und seinen Noten von Zimt, Gewürznelken und Pfeffer schmiegt sich zum Beispiel der Blaufränkisch von Gerhard Markowitsch geradezu an die ebenfalls süßlich-würzige Leber und ihre deftigen Beilagen. Dieser robuste Wein stammt aus dem kleinen Anbaugebiet Carnuntum ganz im Osten Österreichs, nahe der Grenze zu Ungarn, wo die Traube ebenfalls beliebt ist und den Namen Kékfrankos trägt. In Deutschland heißt sie Lemberger und wird vor allem in Württemberg angebaut. Auch australische Weine aus der Shiraz-Traube, die in Frankreich Syrah heißt, verstehen sich gut mit Leber. Ebenso wie Châteauneuf-du-Pape und der etwas subtilere Côte-Rôtie, der ebenfalls aus dem Rhône-Tal stammt. Schließlich kommt griechischer Naoussa in die engere Leberwahl.

- Shiraz, Western Australia, Australien
- Côte-Rôtie, Rhône, Frankreich
- Naoussa, Makedonien/Thrakien, Griechenland

Nieren

An der Niere scheiden sich die Geister. Für die einen ist sie eine delikate Leckerei, für die anderen nichts anderes als eine übelriechende Innerei. Ausgiebig gewässert verlieren Kalbs-, Rinder-, Schweine- und selbst Lammnieren viel von ihrem charakteristischen, harnigen Geschmack und finden vor allem in Frankreich und England vielfache Verwendung in Ragouts und Pies.

Crozes-Hermitage Rouge „Les Meysonniers", Domaine Chapoutier, Rhône, Frankreich

So wichtig für das Gericht die Frische der Nieren ist, so entscheidend ist bei der Wahl des richtigen Partners die Konzentration auf gehaltvolle, wuchtige Weine mit ausgeprägter Frucht und Würze. Mit dem herzhaften Geschmack der Nieren harmonieren insbesondere Weine aus der Syrah-Traube, die in der neuen Welt den Namen Shiraz trägt. Hermitage von der Rhône ist schon in der Farbe dunkelrot-violett und strotzt geradezu vom Duft von Johannisbeeren. Am Gaumen ist er dicht, kraftvoll und rund und lässt sich nicht von den Nieren vorführen. Ähnlich unbeeindruckt zeigt sich südafrikanischer oder australischer Shiraz. Ebenso ist ein möglichst in Barrique ausgebauter Spätburgunder von der Ahr oder aus Franken mit seinen fruchtigen, aber auch erdigen Aromen und seiner stabilen Säure als Begleiter geeignet. Und aus italienischen Kellern bieten sich Valpolicella und vor allem Chianti Classico an.

- Shiraz, Paarl, Südafrika
- Spätburgunder Spätlese trocken, Franken, Deutschland
- Chianti Classico, Toskana, Italien

Hamburger

Als Synonym für die Massenkultur des Fastfoods hat der Hamburger einen denkbar schlechten Ruf – was selbst Spitzenköche nicht davon abhält, immer mal wieder ein Gericht zu erfinden, bei dem ein Stück Fleisch, Fisch oder Geflügel zwischen zwei Brötchenhälften verschwindet. Beim klassischen Burger sind es meist eine oder mehrere Hackfleisch-Scheiben, Salat, Zwiebeln, Tomate, Senf, Ketchup und Mayonnaise, beim Cheeseburger zusätzlich noch eine Scheibe Schmelzkäse.

California Collection Cabernet Sauvignon, Beringer, Kalifornien, Vereinigte Staaten

Eigentlich schließen sich Burger und Weine aus – zu groß ist der kulinarische Graben, der sich zwischen diesen beiden Interpretationen von Genuss auftut. Abgesehen davon hat es jeder Wein schwer, mit den unterschiedlichen Zutaten eines Hamburgers und insbesondere mit Senf, Ketchup und Mayonnaise, die alle Geschmacksnerven zukleistern, fertig zu werden. Am besten passt noch einfacher Rotwein – alles andere wäre pure Verschwendung. Amerikaner würden wohl kalifornischen Cabernet Sauvignon oder Zinfandel wählen, Europäer eher einen massenkompatiblen Barbera. Auch günstiger Bordeaux würde sich angesichts der Aroma-Breitseite ganz ordentlich schlagen. Weißwein wäre völlig fehl am Platz – und amerikanisches Lager-Bier am Ende wohl die beste Lösung.

Barbera d'Asti, Piemont, Italien

Bordeaux Rouge, Bordeaux, Frankreich

Budweiser, St. Louis, Vereinigte Staaten

Bratwurst

Der Deutschen liebste Wurst wird gegrillt oder gebraten – Zuhause im Garten, im Park, im Fußballstadion, auf dem Wochenmarkt, auf der Kirmes. Es gibt zahllose Varianten, die meisten davon haben einen regionalen Ursprung, die bekanntesten sind die Thüringer und die Nürnberger Rostbratwurst. Vor allem Schweinefleisch kommt in die Naturdärme, mancherorts werden aber auch Kalbs- und Rindsbratwürste bevorzugt.

Beaujolais-Villages, Maurice Granier, Burgund, Frankreich

Natürlich trinkt der Deutsche Bier zu seiner Bratwurst, meistens Pils, in Bayern eher Weißbier. Aber auch Wein passt zu diesem deftigen Traditionshappen. Trockener Riesling zum Beispiel, wenn er jung und fruchtig ist und damit einen schönen Kontrast zu den würzigen Röst- und Fleischaromen aufbauen kann. Noch besser aber sind Rotweine geeignet. Vor allem Beaujolais, der in Frankreich zum Beispiel zur erst geräucherten und dann gebratenen Andouillette ins Glas kommt. Mit seiner leichten, frischen Art und seinen Aromen von Trauben, Pflaumen und Kirschen schmeichelt er der Bratwurst geradezu – und passt übrigens auch hervorragend zu Lyoner und Frankfurter Würstchen, obwohl die viel zarter und weniger würzig im Geschmack sind. Schließlich wäre auch einfacher, junger Rioja ein potentieller Bratwurst-Begleiter.

Riesling trocken, Hessische Bergstraße, Deutschland

Rioja Tinto, Rioja, Spanien

Licher Pilsener, Lich, Deutschland

Kebab

In der arabischen und orientalischen Welt als Bezeichnung für gegrilltes Fleisch gängig, hat der Begriff Kebab oder Kebap (türkisch) beziehungsweise Kabab (arabisch) hierzulande ein Eigenleben entwickelt und steht als Döner Kebab für eines der beliebtesten Fastfood-Gerichte. Dazu wird an einem Drehspieß gegrilltes Fleisch (Lamm, Kalb, Pute oder Huhn) mit Salat und verschiedenen Soßen in einem aufgeschnittenen Fladenbrot unter die Leute gebracht. Ein rustikaler, sehr würziger und meist günstiger Genuss. In Griechenland heißt das Ganze Gyros und wird vorwiegend mit Schweinefleisch zubereitet.

Nero d'Avola Sicilia, Morgante, Sizilien, Italien

Der Kebab ist ein typisches Imbiss-Gericht, das oft auf der Straße gegessen wird. Im Restaurant oder Zuhause kann man aber durchaus auch ein Gläschen Wein dazu trinken. Wegen des intensiven, von Grillfleisch, Knoblauch-Soße und Gewürzen geprägten Geschmacks sollten vollmundige, möglichst fruchtige Alltagstropfen zum Kebab auf den Tisch kommen, keine filigranen Topweine. Sizilianischer Nero d'Avola, süditalienischer Primitivo, amerikanischer Zinfandel und südafrikanischer Pinotage mit ihrer fruchtig-würzigen Aromatik passen am besten. Aber auch ein trockener deutscher Dornfelder, ein portugiesischer Douro Tinto oder ein einfacher Côtes du Rhône dürften zum deftigen Fladenbrot-Snack eine ordentliche Figur machen.

- Primitivo di Manduria, Apulien, Italien
- Pinotage, Paarl, Südafrika
- Dornfelder trocken, Pfalz, Deutschland

Schweinefleisch süß-sauer

Die chinesische Küche ist eine Welt für sich – und ihrer Weinbegleitung müsste man eigentlich ein eigenes Buch widmen. Praktisch jede der gut zwei Dutzend Provinzen des Riesenreichs hat seine eigenen kulinarischen Traditionen, die bekanntesten sind jene aus Sichuan, Kanton, Peking und Honan. Neben Ente und anderem Geflügel ist vor allem Schweinefleisch weitverbreitet und in der Variante mit einer dicken süß-sauren Soße auch hierzulande sehr beliebt.

Spätburgunder Weißherbst, Drautz-Able, Württemberg, Deutschland

Typisch für das süß-saure Schwein wie für die meisten chinesischen Gerichte ist die intensive, oft exotische Würze. Dazu passen am besten aromatische Rosé-Weine - auch wenn in China selbst gerade Rotwein einen enormen Boom erlebt. Vollmundiger Spätburgunder Weißherbst mit seinen Beerennoten harmoniert sehr gut mit würzigen und scharfen Speisen, gute Partner wären aber auch die Rosé-Weine aus dem südfranzösischen Tavel-Gebiet oder gehaltvolle spanische Rosados. Bei den Weißen kommen in erster Linie Tropfen aus Bukettsorten wie Muskateller und Gewürztraminer, aber auch feinherber Riesling in Frage. Soll es tatsächlich ein Roter sein, dann am besten ein leichter Spätburgunder, ein südafrikanischer Merlot oder ein amerikanischer Zinfandel. Fast alle chinesischen Gerichte lassen sich aber auch sehr gut von einem kühlen Bier begleiten, das bekannteste aus dem Reich der Mitte ist Tsingtao von der Tsingtao Brauerei, die 1903 von deutschen Kolonisten gegründet wurde.

Gelber Muskateller trocken, Pfalz, Deutschland

Zinfandel, Kalifornien, Vereinigte Staaten

Tsingtao, Tsingtao-Brauerei, Qingdao, VR China

Wild

Wildschwein

Dem Wildschwein ist seine Wildheit sofort anzusehen: Das Tier hat ein struppiges, schwarzes Fell, und das Fleisch ist tatsächlich deutlich dunkler als jenes von Hausschweinen. Vor allem aber hat es einen charakteristischen, kraftvollen, mitunter strengen Wildgeschmack, der nach konzentrierten Soßen – am besten mit Rotwein – und deftigen Beilagen wie Rotkohl, Wirsing oder Rosenkohl ruft.

Spätburgunder Tschuppen, Weingut Ziereisen, Baden, Deutschland

Dieses Gericht voller Würze und Konzentration braucht im Glas einen tiefgründigen Begleiter. In die engere Wahl kommen Weine mit viel Kraft und Substanz. Am besten eignet sich ein Spätburgunder, der im Barrique-Faß ausgebaut wurde – zum Beispiel der tiefe und elegante „Tschuppen" von Hanspeter Ziereisen. Auf der einen Seite zeigt er klare, saftige Frucht, hat aber auch röstige und kräuterige Anklänge und einen langen schmelzigen Abgang. Ähnlich gut passen auch Pinot Noirs aus dem Burgund zum wilden Schwein – fast noch besser aber Weine aus der Sangiovese-Traube wie Vino Nobile di Montepulciano, Brunello di Montalcino oder Chianti Classico. Aus Übersee kommt südafrikanischer Pinotage in die engere Wahl, der Würze und Erdigkeit zeigt, die mitunter an Spätburgunder erinnert. Schließlich verdient Rioja eine Erwähnung: Vor allem gereifte Exemplare machen sich gut zum Wildschwein.

- Vino Nobile di Montepulciano, Toskana, Italien
- Pinotage, Franschhoek, Südafrika
- Rioja Gran Reserva, Rioja, Spanien

Hirsch

Hierzulande ist der Hirsch das einzige Großwild weit und breit, mit einem großen Geweih ausgestattet ist er der Herrscher im Wald. Sein dunkles, saftig-kerniges Fleisch liefert große Braten, vor allem der Rücken ist begehrt. Der verlangt allerdings eine schonende und vor allem nicht zu lange Garung, sonst wird er im Handumdrehen hart und trocken. Pilze, Rosenkohl und eine dunkle, sehr kräftige Soße sind die typischen Begleiter auf dem Teller.

Pinot Noir, Quartz Reef, Central Otago, Neuseeland

Spätburgunder aus Deutschland oder aus dem Burgund bieten dem Hochwild, wonach es verlangt: deutliche Kirsch- und Beerenfrucht und einen samtigen, vollmundigen Geschmack. Das zeichnet auch Pinot Noir aus Neuseeland aus, vor allem die Tropfen aus Central Otago, der südlichsten Weinregion der Welt, wo sich der gebürtige Österreicher Rudi Bauer mit dem Weingut Quartz Reef und seinen klaren, fruchtigen Tropfen einen Namen gemacht hat. Gut passt aber auch ein Roter aus dem südfranzösischen Cahors. Die Weine aus dieser Gegend werden in erster Linie aus der Malbec-Traube gekeltert und bestechen mit tanninreicher Kraft und Konzentration. Letztere haben auch die großen Weine aus dem Piemont, dazu aber auch eine kräftige Würze. Ein guter Partner wären schließlich Malbec-Weine aus Argentinien. Die dunklen, fast schwarzen Tropfen haben eine fruchtige Würze mit typischen Pflaumen- und Tabaknoten.

- Cahors Rouge, Cahors, Frankreich
- Barbaresco, Piemont, Italien
- Malbec, Mendoza, Argentinien

Reh

Extrem zartes Fleisch, aber mit einem deutlichen Wildaroma voller Würze und Kraft: Ein guter Rehrücken schmeckt nach Wald. Dazu werden meist sehr kräftige, dunkle Soßen serviert, oft auf Rotwein- oder Portweinbasis, voller Würze und tiefgründiger Süße. Dieser intensiven Speise ist eher mit einem mineralischen Wein mit ausreichend Alkohol, als mit ausladender Frucht beizukommen.

Neuenahrer Sonnenberg Frühburgunder trocken, Weingut Adeneuer, Ahr, Deutschland

Der Rehrücken mit seinem feinen Wildgeschmack erwartet einen gradlinigen, eleganten Begleiter, fruchtbetonte Rotweine würden der saftigen, waldigen Würze des Fleisches viel zu offensiv begegnen. Mit seinem Duft von Cassis und Sauerkirschen, seinen erdigen Noten und den würzigen Tönen von Lorbeer und Pfeffer ist der Frühburgunder vom Weingut Adeneuer ideal für das Reh. Aber auch Spätburgunder passen gut, nicht zuletzt die großen Pinot Noirs aus dem Burgund. Gut macht sich aber auch Bordeaux, am besten aus Saint-Émilion oder Pomerol. Eine weitere Möglichkeit bieten die Weine aus der Nebbiolo-Traube mit ihrer Würze und unverkennbaren Lakritzaromatik – und zwar nicht nur die großen Tropfen wie Barolo und Barbaresco. Eine etwas ungewöhnlichere, aber nicht weniger interessante Wahl zum Rehrücken ist ein kraftvoller, extraktreicher Riesling mit viel Frucht, Würze und tiefem Schmelz – am besten ein Großes Gewächs aus dem Rheingau oder von der Mosel.

- Saint-Émilion Grand Cru, Bordeaux, Frankreich
- Barbaresco, Piemont, Italien
- Riesling Großes Gewächs, Mosel, Deutschland

Hase

Die meiste Zeit des Jahres steht der Hase unter Schutz – nur in der Jagdzeit vom 1. Oktober bis zum „Hasensilvester" am 15. Januar geht es ihm an die Löffel. Das macht ihn zum klassischen Wintergericht. Sein sehr würziges Fleisch ist ein idealer Partner für intensive Gewürze wie Piment, Nelken und Wacholderbeeren, die ihr Aroma großzügig an das feinste Teil des Hasen, den Rücken, abgeben.

Coonawarra Shiraz, Penfolds, South Australia, Australien

Meister Lampe gibt sich nicht mit Schwächlingen ab - er verlangt nach einem Partner voller Kraft und Fülle. Am besten versteht er sich mit den Weinen aus der Syrah- beziehungsweise Shiraz-Traube. Diese dunklen, vollmundigen Tropfen glänzen meist durch kräftiges Johannisbeer-Aroma, das sehr gut zum würzigen Hasengeschmack passt. Vor allem die Gewächse vom fünften Kontinent präsentieren sich üblicherweise in dunklem Rubinrot und verströmen warme, saftige Frucht- und Schokoladennoten. In Frankreich ist die Syrah-Traube vor allem an der Rhône verbreitet, gute Tropfen kommen aus dem kleinen Gebiet Côtes du Ventoux. Eine gute Wahl zum Hasen sind ebenso Weine aus Cabernet Sauvignon, reinsortige ebenso wie solche, die zum sogenannten Bordeaux-Blend mit Merlot, Cabernet Franc und Malbec kombiniert werden. Etwas rustikaler, aber gleichwohl passend wäre ein Roter aus der portugiesischen Region Dão mit viel Frucht, guter Säure und mächtigen Tanninen.

- Côtes du Ventoux, Rhône, Frankreich
- Cabernet Sauvignon, Colchagua Valley, Chile
- Dão Reserva Tinto, Dão, Portugal

Wildmedaillons

Vor allem Hirsch und Reh eignen sich für die Zubereitung in der Pfanne. Kräftig angebraten und dann langsam auf den rosaroten Punkt gegart, entfalten die Medaillons ein schönes, aber nicht unangenehm dominantes Wildaroma. Vor allem die großen Hirschfilets können in dieser Form ihre Zartheit ausspielen, jene vom Reh sind deutlich kleiner, aber nicht minder fein.

Gevrey-Chambertin Clos de Meixvelle, Domaine Pierre Gelin, Burgund, Frankreich

Der typische Wildgeschmack, den Hirsch und Reh bieten, lässt sich sehr gut mit Frucht kombinieren, darum werden Preiselbeeren oder andere beerige Beilagen oder Soßen dazu serviert. Der begleitende Wein aber sollte keine reine „Fruchtbombe" sein. Er braucht noch weitere Qualitäten, nämlich vor allem viel Körper und eine deutliche Würze. Kraftvolle, gereifte Burgunder wie jene aus den berühmten Lagen der Gemeinde Gevrey-Chambertin sind perfekt zum Wild – allerdings auch sehr teuer. Aber auch andere Pinot Noirs und vor allem deutsche Spätburgunder kommen in Frage. Wenn ein Rotwein voller Würzigkeit und reichlich Tanninen gefragt ist, dann ist auch Pinotage eine gute Wahl. Schließlich wären die aus Garnacha gekelterten Weine aus dem kleinen spanischen Gebiet Priorat zu nennen.

- Spätburgunder Spätlese trocken, Baden, Deutschland
- Pinotage, Stellenbosch, Südafrika
- Priorat Tinto, Katalonien, Spanien

Wildragout

Zumindest hierzulande ist der Hasenpfeffer sicher das bekannteste Ragout von einem Wildtier. Aber auch vom Reh, Hirsch oder Wildschwein lassen sich sehr schmackhafte, dem Gulasch ähnliche Schmorgerichte machen. Das mürbe, aromatische Fleisch und die dunkle – beim Hasenpfeffer fast schwarze – Soße wünschen sich einen Kraftprotz im Glas, einen Wein, der ebenso dunkel und tiefgründig ist wie das Ragout selbst.

Fabelhaft, Niepoort, Douro, Portugal

Im portugiesischen Douro-Tal, der Heimat des Portweins, werden dunkle, tiefe Rotweine voller Frucht und Schmelz gekeltert. Vor allem das Portwein-Traditionshaus Niepoort hat seit Anfang der neunziger Jahre mit seinen Tropfen für große Aufmerksamkeit gesorgt: Besonders beeindruckend ist der monumentale „Redoma“, aber auch der günstigere, ebenso vollfruchtige und geschmeidige, bereitete „Fabelhaft“ ist eine Empfehlung wert – nicht zuletzt zum Wildragout. Ein klassischer Wildbegleiter aus Italien ist die Nebbiolo-Traube, die im Piemont berühmte Tropfen wie Barolo und Barbaresco hervorbringt, aber auch mit preisgünstigeren Weinen überzeugen kann. Ebenso passend ist auch Syrah, der in Übersee Shiraz heißt. Schließlich kann man zum Wildragout ohne Gewissensbisse einen deutschen Spätburgunder servieren – je üppiger und voller er ausfällt, desto besser.

- Barolo, Piemont, Italien
- Shiraz, Victoria, Australien
- Spätburgunder Großes Gewächs, Ahr, Deutschland

Kaninchen kurzgebraten

In mancher Großstadt vermehrt sich der Hase des kleinen Mannes im Übermaß. Aber den Weg in Topf oder Pfanne findet er nicht, stattdessen kommen Zuchtkaninchen in die Küche. Sie haben deutlich helleres und milderes Fleisch als ihre wilden Artgenossen und ähneln deshalb oft verdächtig Geflügel. Kurzgebraten ist das Filet eine beliebte Salatbeilage oder schwingt sich als mit Rucola und Pinienkernen gefüllte Mini-Roulade zum Hauptgang auf.

Verdicchio „Le Vele", Moncaro, Marken, Italien

Das feine weiße Fleisch des Kaninchenfilets verlangt nach einem weißen Begleiter mit Frische und Frucht. Er sollte die Röstaromen vom Braten und die würzigen Noten der übrigen Zutaten einfangen und umschmeicheln. Die Rebsorte Verdicchio, auf die sich die Winzer in der Region Marken in den vergangenen Jahren wieder besonnen haben, bietet animierende Frische, ein vollreifes Bouquet von Zitronen, Stachelbeeren und anderen Früchten und im Abgang die leichte, für die Sorte typische Bittermandelnote. Auch Albariño aus dem nordspanischen Rias Baixas besticht durch Fruchtigkeit und Aromen von Äpfeln und Zitrusfrüchten. Ebenso hilft Rosé mit seiner spritzigen Erdbeer- und Himbeerfrucht dem Kaninchen auf die Sprünge. Am besten zu mediterranen Zutaten und Beilagen passen südfranzösische oder spanische Vertreter. Schließlich kommt Vermentino in die engere Wahl, am besten ein Tropfen aus dem sonnenverwöhnten Sardinien.

- Albariño Rías Baixas, Galicien, Spanien
- Rosado, Navarra, Spanien
- Vermentino di Sardegna, Sardinien, Italien

Kaninchen geschmort

Für das Kaninchen ist es wahrscheinlich eine Beleidigung, aber im Schmortopf wird der langohrige Nager praktisch zum Geflügel. Denn sein zartes aromatisches, eher helles als dunkles Fleisch unterwirft sich – ganz wie der Coq au Vin – dem Diktat der Zubereitung. Rot oder weiß? Das ist hier die Frage.

Chianti Classico, Fattoria Di Badia a Coltibuono, Toskana, Italien

Beim Schmor-Karnickel richtet sich der Wein im Glas nach dem Wein im Topf. Wird das zarte Tierchen in Rotwein gegart, sollte ein ebensolcher auch später bei Tisch serviert werden. Vor allem mediterrane Varianten dieses Gerichts, wie sie etwa in der Toskana oder in der Provence beliebt sind, verlangen nach einem Rotwein mit Kraft, Frucht und Würze. Chianti Classico mit seinen Kirschnoten, seinem kräutrigen Unterton und mit der Reife langsam weichenden Tanninen ist ein idealer Begleiter, wenn Tomaten, Oliven und Knoblauch eine Rolle spielen. Rioja Reserva mit seinen rauchigen und an Vanille erinnernden Aromen passt ebenfalls zum Rotwein-Kaninchen. Für die Thüringer Version mit Klößen und Rotkohl kommt eher deutscher Spätburgunder in Frage. Und tritt das Tier seine letzte Reise in Weißwein an, dann sollte ein breitschultriger Chardonnay oder Grauburgunder mit auf den Tisch – gern mit leichter Barrique-Note.

- Rioja Reserva, Rioja, Spanien
- Spätburgunder trocken, Franken, Deutschland
- Grauburgunder Spätlese trocken, Baden, Deutschland

Springbock

Der Springbock ist das Wappentier Südafrikas – und im gesamten südlichen Afrika ein beliebter Wildfleisch-Lieferant. Verbreitet in den Savannen Südafrikas, Namibias, Angolas und Botswanas hat diese Antilopenart ein frischrotes, feinfasriges und sehr aromatisches Fleisch. Was nicht nur an den Kräutern und Gräsern liegt, die die Tiere zu sich nehmen, sondern auch daran, dass sie selbst als Zuchttiere praktisch in freier Wildbahn leben.

Shiraz/Cabernet Sauvignon, Graham Beck, Western Cape, Südafrika,

Einige Spezialitätenhändler haben auch hierzulande Springbock im Angebot, oft sogar auch andere afrikanische Antilopen wie Kudu, Elan, Gnu und Impala. Meistens wird das fast fettfreie, aromatische Fleisch kurz als Steak oder Medaillon gebraten – es verlangt nach kräftigen Begleitern mit viel Kraft und Volumen. Eine bei südafrikanischen Winzern beliebte Cuvée von Shiraz und Cabernet Sauvignon mit ihrem üppigen Duft und tiefem, beerigen Geschmack ergänzt das Springbock-Aroma sehr gut. Ebensoviel Würze und tiefgründige Frucht bietet Pinotage, die südafrikanische Vorzeigetraube. Schließlich sind auch Weine, die ausschließlich aus der Shiraz-Traube gekeltert werden gute Begleiter für exotisches Wildfleisch. Dabei müssen sie nicht vom Kap kommen, sondern können auch unter australischer Sonne gereift sein. Aus der gleichen, in Frankreich als Syrah bekannten Rebsorte werden auch die Weine von der Rhône gemacht.

- Pinotage, Stellenbosch, Südafrika
- Shiraz, Barossa Valley, Australien
- Côtes du Rhône, Rhône, Frankreich

Wildinnereien

Was für Innereien allgemein gilt, trifft auf Leber und Nieren von Wildtieren ganz besonders zu: Sie müssen absolut frisch sein, damit ihr intensiver Geschmack nicht unangenehme Züge annimmt. Dann aber sind sie ein delikater Genuss, mit einem typischen Aromenbild. Oft kommen Leber und Nieren vom Reh als Geschnetzeltes oder Ragout auf den Teller, aber auch am Spieß oder in der Pfanne gebraten, haben sie ihren Reiz.

Brüssele Lemberger trocken, Weingut Graf Adelmann, Württemberg, Deutschland

Wie alle Stücke vom Wild werden auch die Innereien meist von intensiven Soßen begleitet. Deshalb kommen zu Leber und Nieren nur kräftige Rotweine in die engere Wahl. Ein idealer Partner der Leber mit ihrem leicht süßlichen Geschmack ist der Lemberger, eine vor allem in Württemberg kultivierte Rebsorte mit vollmundigen Kirsch- und Beerenfrucht-Aromen und Gewürznoten von Zimt, Gewürznelken und Pfeffer. In Österreich trägt die Sorte den Namen Blaufränkisch und wird vor allem im Burgenland und am Neusiedlersee angebaut. Viel Kraft und tiefe Frucht bieten auch die australischen und südafrikanischen Weine aus der Shiraz-Traube, die anderswo - vor allem an der Rhône - Syrah heißt. Eine gute Wahl zu Wildleber- und Nieren wären auch Weine aus der Nebbiolo-Traube mit ihrer charakteristischen Würze und unverkennbaren Lakritzaromatik, vor allem die großen Tropfen wie Barolo und Barbaresco.

- Blaufränkisch, Mittelburgenland, Österreich
- Shiraz, New South Wales, Australien
- Barbaresco, Piemont, Italien

Käse

Käse

Wein und Käse – kaum eine Kombination von Speise und Getränk hat eine solche Tradition und gilt als so natürlich wie diese. Insbesondere im Käseland Frankreich gehören ein Stück Camembert oder Brie und ein Glas Rotwein unbedingt zusammen. Nicht zuletzt wohl auch deshalb gelten hierzulande rote Tropfen gemeinhin als die idealen Begleiter für Käse aller Art – tatsächlich allerdings passen Weißweine oft viel besser, und es wird häufig unterschätzt, wie gut restsüße Tropfen mit vielen Käsesorten harmonieren.

Angesichts der Vielfalt auf beiden Seiten und der unendlichen Zahl der Kombinationsmöglichkeiten ist es schwer, feste Regeln für den Genuss von Wein und Käse zu finden. Der wichtigste Grundsatz lautet schlicht: Ausprobieren! Darüber hinaus gibt es allerdings zwei Prinzipien, die eine passende Auswahl zumindest erleichtern:

1. Gleich und Gleich gesellt sich gern: Diese Weisheit aus dem Volksmund gilt bei Wein und Käse vor allem für die Herkunft. Stammen beide aus der gleichen Region, ergeben sie oft eine unschlagbare Paarung: toskanischer Pecorino mit Chianti Classico zum Beispiel, spanischer Manchego mit Rioja, Comté aus den französischen Alpen mit dem berühmten Vin Jaune du Jura oder der aus Südwestfrankreich stammende Roquefort mit edlem Sauternes aus dem Bordeaux. So unterschiedlich die Geschmacksbilder dieser Kombinationen auch sind, regionale Verwandtschaften haben sich oft über Jahrhunderte entwickelt und bewährt.

Die Gleichheit kann sich statt auf die Herkunft aber auch auf den Charakter beziehen: Ein kräftiger, trockener Käse braucht einen ebensolchen Wein als Begleiter (Parmesan und Rosso di Montepulciano), und ein säuerlicher, frischer Ziegenkäse verlangt auch nach einem Wein mit kräftiger Säure (Crottin de Chavignol und Sancerre). Und schließlich wünscht sich ein cremiger Käse einen ebenso schmelzig-cremigen Partner (Brie und Chardonnay).

2. Gegensätze ziehen sich an: Dieses zweite Sprichwort bedeutet bei der Auswahl von Wein und Käse vor allem eins: Salzig und süß passen gut zueinander. Roquefort und Sauternes sind das beste Beispiel, aber auch alle anderen Käsesorten mit Blauschimmel lassen sich gern von süßen Weinen umschmeicheln: englischer Stilton von Vintage Port, norditalienischer Gorgonzola von Ricioto della Valpolicella aus Venetien oder dänischer Castello Blue von einer Riesling-Beerenauslese aus Deutschland oder Österreich. Und auch ohne Blauschimmel gilt: Kräftige, würzige Käse passen oft ausgesprochen gut zu fruchtigen, süßen Weinen. Alter holländischer Gouda zum Beispiel liebt Riesling-Auslesen, und Rotschmierekäse wie Munster, Limburger und Romadur ergänzen sich ideal mit blumigem Gewürztraminer.

Natürlich ist keine der Kombinationen auf den nächsten Seiten unumstößlich – einen Versuch sind sie aber alle wert. Und wer dann zum Gouda doch am liebsten einen Bordeaux trinkt oder zum Ziegenfrischkäse ein Bier, der sollte das unbedingt und ohne schlechtes Gewissen tun.

Weichkäse

1. **Brie** – ist ein klassischer französischer Weißschimmelkäse aus Rohmilch mit gesunder Rinde und hocharomatischem Geschmack, der desto kräftiger ist, je reifer der Käse ist.
   Bourgogne Chardonnay, Burgund, Frankreich (oder ein kalifornischer Zinfandel)

2. **Camembert** – stammt aus der Normandie, ist aber, weil der Name nicht geschützt ist, inzwischen ein weltweit verbreiteter Weißschimmelkäse, je älter, desto cremiger und würziger.
   Pomerol, Bordeaux, Frankreich (oder ein Grauburgunder aus Deutschland)

3. **Brillat-Savarin** – kommt ebenfalls aus der Normandie, ist nach dem französischen Gastro-Philosophen Jean-Anthelme Brillat-Savarin benannt, hat eine Weißschimmelflora und schmeckt saftig-fett, säuerlich.
   Viognier, Languedoc, Frankreich

4. **Saint Albray** – ist an seiner orange-rötlichen Oberfläche mit ihrem leichten Milchschimmel zu erkennen, hat einen milden bis aromatischen Geschmack und die typische französische „Kranzform“.
   Riesling d'Alsace, Elsass, Frankreich (oder ein Weißburgunder aus Deutschland)

5. **Chaumes** – ist ein Rotschmierkäse aus der Dordogne mit einem weichen, geschmeidigen Teig und einem mild-dezenten Geschmack.
Saint-Émilion Cru Bourgeois, Bordeaux, Frankreich

6. **Epoisses** – ist ein sehr pikanter Käse aus dem Burgund mit einer orange-roten Rinde und einem cremigen Inneren.
Pouilly-Fuissé, Burgund, Frankreich (oder ein Sauternes)

7. **Munster** – kommt aus dem Munstertal im Elsass, hat eine dunkelorangene, feuchte Haut, einen geschmeidigen Teig und ein ausgeprägt kräftiges Aroma.
Gewürztraminer, Elsass, Frankreich

8. **Weinkäse** – ist wie Limburger und Romadur eine deutsche Antwort auf den Munster-Käse. Seine Rotflora-Rinde ist ebenfalls feucht und sein Geschmack sehr kräftig und würzig.
Gewürztraminer halbtrocken, Pfalz, Deutschland (oder eine Riesling-Auslese)

Halbfeste Schnittkäse

1. **Reblochon** – ist ein französischer Kuhrohmilchkäse mit Herkunftssiegel, einer dünnen, orangefarbenen Rinde, die nicht mitgegessen wird, und einem speckigen, sahnemilden Inneren mit nussiger Note.
   Pinot Gris, Elsass, Frankreich (oder ein Pinot Noir aus dem Burgund)

2. **Tomme de Savoie** – ist die bekannteste von vielen Tomme-Varianten mit einer grauen, schimmeligen, nicht essbaren Rinde, einem mitunter muffeligen Geruch und einem überraschend milden Geschmack.
   Grauburgunder trocken, Baden, Deutschland

3. **Vacherin** – kann man sowohl im französischen wie im Schweizer Jura finden. Die französische Variante wird in kleinen Spanholzschachteln verkauft, weil der sahnigmilde, leicht säuerliche Teig in reifem Zustand extrem weich ist und verläuft.
   Côtes du Jura Blanc, Jura, Frankreich (oder ein anderer Chardonnay ohne Holznote)

4. **Taleggio** – wurde nach einem Tal nördlich von Bergamo benannt und ist einer der bekanntesten Käse Italiens mit einer rotschimmeligen Rinde und einem würzigen Geschmack.
   Sangiovese, Emilia-Romagna, Italien

5. **Tête de Moine** – heißt zu deutsch „Mönchskopf" und ist ein sehr würziger Käse aus der Schweiz, der traditionell mit einem runden Hobel portioniert und mit Feigensenf genossen wird.
Côtes du Rhône, Rhône, Frankreich (oder ein Gewürztraminer)

6. **Esrom** – ist ein weitverbreiteter Alltagskäse aus Dänemark mit zahlreichen, kleinen, unregelmäßigen Löchern und einem milden bis pikanten Geschmack.
Riesling Kabinett trocken, Rheinhessen, Deutschland

7. **Butterkäse** – ist ein einfacher, sehr milder, heller deutscher Käse mit einem elastischen, weichen Teig und vielen kleinen Löchern.
Weißburgunder Kabinett trocken, Nahe, Deutschland (oder ein trockener Silvaner)

8. **Babybel** – heißen die portionsgerechten, mit rotem oder gelbem Wachs überzogenen Mini-Käse, die ein französischer Käsekonzern in ganz Europa verkauft; ihr Geschmack ist sehr mild.
Müller-Thurgau trocken, Franken, Deutschland

Schnittkäse

1. **Gouda** – ist der wahrscheinlich bekannteste Käse der Niederlande. Zunächst mild und leicht süßlich reift der strohgelbe Rahmkäse über Monate von der einfachen Alltagsspeise zu einer herzhaft-pikanten Spezialität.
Riesling Kabinett halbtrocken, Rheingau, Deutschland (bei altem Gouda auch Riesling Auslesen)

2. **Edamer** – ist der zweite weltweit bekannte Holland-Käse. Er stammt aus der Hafenstadt Edam am Ijsselmeer, wird traditionell mit einem roten oder gelben Paraffinüberzug vom Austrocknen geschützt und hat einen mild-herzhaften Geschmack.
Silvaner Kabinett trocken, Franken, Deutschland (oder ein roter Bordeaux)

3. **Leerdamer** – ist ein wegen seines milden, leicht nussigen Geschmacks sehr beliebter, fester Käse aus den Niederlanden. Sein heller, geschmeidiger Teig hat kirschgroße Löcher und eine wachsige Rinde.
Weißburgunder, Burgenland, Österreich (oder eine Riesling Auslese)

4. **Danbo Luxus** – ist ein dänischer Steppenkäse mit geschmeidigem Teig und wenigen Löchern. Jung schmeckt er mild-aromatisch, gereift entwickelt er eine enorme Würze, die mitunter fast scharf wirkt.
Riesling halbtrocken, Mosel, Deutschland

5. **Tilsiter** – hat seine Wurzeln in Ostpreußen, wird heutzutage aber überall in Deutschland und darüber hinaus produziert. Der Teig hat viele, schlitzförmige Löcher, einen starken, fast stechenden Geruch und einen sehr eigenen, würzigen Geschmack.
Grauburgunder Spätlese trocken, Pfalz, Deutschland

6. **Appenzeller** – wird seit mehr als 700 Jahren im Schweizer Kanton Appenzell aus Rohmilch hergestellt. Der feste, gut zu schneidende, große Laib hat eine ungenießbare Rinde und einen sehr aromatischen Geschmack.
Zweigelt, Neusiedler See, Österreich (oder ein Müller-Thurgau aus Deutschland)

7. **Raclette** – ist eine aus der Schweiz stammende, gesellige Form des Käsegenusses. Der würzige Raclette-Käse wird in kleinen Pfännchen geschmolzen und über Pellkartoffeln und sauer eingelegtes Gemüse gegeben.
Fendant, Wallis, Schweiz (oder ein trockener Müller-Thurgau aus Deutschland)

8. **Ibérico** – begegnet man in Spanien häufig; er wird meistens aus einer Mischung aus Kuh-, Schafs- und Ziegenmilch produziert, hat einen festen Teig und einen würzig-delikaten Geschmack.
Tempranillo, La Mancha, Spanien

Hartkäse

1. **Parmesan** – ist wahrscheinlich der bekannteste Käse Italiens, wenn nicht der Welt. Herkunftsgeschützt aus der Provinz Parma, ist er hart, trocken, salzig-würzig und extrem vielseitig in der mediterranen Küche einsetzbar.
Rosso di Montepulciano, Toskana, Italien (oder ein Valpolicella Classico)

2. **Pecorino** – wird in vielen Regionen Italiens in zahllosen Varianten hergestellt. Wie Parmesan meist gerieben oder grob gebrochen, hat er einen sehr kräftigen, salzigen, mitunter sogar scharfen Geschmack.
Chianti Classico, Toskana, Italien (oder ein Cannonau aus Sardinien)

3. **Manchego** – ist die spanische Antwort auf den Parmesan. Traditionell hergestellt aus Schafsmilch, hat er weit über seine Heimatregion La Mancha hinaus Verbreitung gefunden. Sein heller, harter Teig ist sehr pikant bis salzig-scharf.
Rioja Reserva, Rioja, Spanien (oder ein halbtrockener Sherry)

4. **Emmentaler** – kommt aus der Schweiz und hat die größten Laibe in der Käsewelt vorzuweisen. Sein geschmeidig-elastischer Teig hat einen vollen, kräftig-pikanten Geschmack.
Morillon, Südoststeiermark, Österreich (oder ein Chardonnay ohne Holznote)

5. **Gruyère** – ist ein klassischer Alpenkäse aus der Schweiz, der durch eine Schmierbehandlung der Außenhaut und mehrmonatiger Reifezeit ein sehr kräftiges, würziges Aroma bekommt.
Fendant, Wallis, Schweiz (oder ein Grauburgunder aus Deutschland)

6. **Comté** – stammt aus dem französischen Jura, wird aus Rohmilch hergestellt und hat einen für Bergkäse typischen, kräftigen Geschmack mit Nuss- und Kräuternoten.
Vin Jaune, Jura, Frankreich (oder ein roter Bordeaux)

7. **Cheddar** – stammt aus England, ist aber weltweit verbreitet. Meist von dunkelgelber, mitunter orangener Farbe gibt es ihn in zahllosen Varianten, von mild-nussig bis kräftig-würzig.
Riesling Kabinett halbtrocken, Mosel, Deutschland (oder ein roter Bordeaux)

8. **Old Amsterdam** – ist ein 12 bis 18 Monate gereifter Käse aus dem niederländischen Westland. Er hat eine goldgelbe Farbe und einen sehr intensiven, buttrig-nussigen, süßlich-würzigen, dem Gouda ähnlichen Geschmack.
Riesling Auslese, Rheingau, Deutschland

Schimmelkäse

1. **Roquefort** – ist der berühmteste Schimmelkäse Frankreichs. Er stammt aus dem Ort Roquefort-sur-Soulzon in den Cevennen, reift in Höhlen und genießt Ursprungsschutz. Sein fein geäderter Innenschimmel sorgt für den typischen, cremig-salzigen Geschmack.
   Sauternes, Bordeaux, Frankreich

2. **Gorgonzola** – kommt aus der gleichnamigen Stadt unweit von Mailand, wird aber weltweit geschätzt. Sein Innenschimmel bildet unregelmäßige, grau-grüne Adern und verleiht ihm ein vergleichsweise mild-würziges Aroma.
   Ricioto della Valpolicella, Venetien, Italien (oder ein Shiraz aus Australien)

3. **Stilton** – wird von den Briten „King of the Cheeses" genannt und hat in England eine lange Tradition. Er reift sechs Monate lang von innen nach außen und entwickelt dabei ein intensives, salzig-pikantes Aroma.
   Tawny Port, Douro, Portugal

4. **Danablu** – ist die Kurzform von Danish Blue Cheese und steht für einen international weitverbreiteten Edelpilzkäse mit einem leicht krümeligen, lebhaft geäderten Teig und einem kräftig-scharfen Geschmack.
   Tokaji Aszú, Tokaj-Hegyalja, Ungarn (oder eine Riesling Auslese)

5. **Cabrales** – stammt aus einer Berglandschaft in Asturien und ist der bekannteste spanische Blauschimmelkäse. Wie Roquefort reift er drei bis sechs Monate in kalten, feuchten Höhlen und bekommt dort sein cremig-pikantes Aroma.
Silvaner Kabinett halbtrocken, Franken, Deutschland (oder Apfelwein aus Asturien)

6. **Castello Blue** – präsentiert sich mild und sahnig im Geschmack; Würze bekommt dieser dänische Weichkäse aus Kuhmilch durch Blauschimmelkulturen, die ihm zugesetzt werden.
Huxelrebe Beerenauslese, Rheinhessen, Deutschland (oder eine Riesling Auslese)

7. **Cambozola** – ist ein deutscher Weichkäse mit weißem Camembert-Schimmel außen und Blauschimmel im Inneren. Sein cremiger Teig hat ein mild-würziges Aroma.
Grüner Veltliner, Kremstal, Österreich (oder eine Riesling Auslese)

8. **Bresse bleu** – ist eine französische Version des Blauschimmelkäses. Mit zunehmender Reife verdrängt eine orange-rotbräunliche Flora den weißen Außenschimmel, und der Geschmack des cremigen Teigs wird kräftiger.
Sancerre, Loire, Frankreich (oder eine Riesling Auslese)

Ziegen- und Schafskäse

1. **Chavroux** – ist ein französischer, sehr weicher und streichfähiger Ziegenfrischkäse. Wegen seines sehr milden Aromas ist er auch in Deutschland ausgesprochen beliebt.
   Roero Arneis, Piemont, Italien (oder ein trockener Riesling von der Mosel)

2. **Crottin de Chavignol** – ist ein kleiner, fester Ziegenkäse aus Frankreich. Jung wird er gern mit Kräutern in Öl eingelegt, gereift hat er einen sehr charakteristischen, kräftigen Geschmack.
   Chablis, Burgund, Frankreich (oder ein Muscadet)

3. **Picandou** – kommt aus der französischen Region Périgord. Mit seinem milden Ziegenmilcharoma und der dünnen, welligen Rinde, die sich bei der Reifung entwickelt, wird er häufig warm zu Salaten serviert.
   Sancerre, Loire, Frankreich (oder ein Sauvignon Blanc aus Neuseeland)

4. **Sainte-Maure** – wird aus roher Ziegenvollmilch hergestellt und hat ein Ursprungssiegel. Die handlichen Rollen sind mit einer hauchdünnen, essbaren Ascheschicht überzogen, der Geschmack ist sehr mild und säuerlich.
   Sauvignon Blanc, Touraine, Frankreich (oder ein Chardonnay mit Barriqueton)

5. **Brunet Alta Langa** – ist ein Weichkäse aus dem norditalienischen Piemont. Er besteht aus reiner Ziegenmilch, hat eine strohgelbe Farbe mit weicher, cremiger Oberfläche und schmeckt fein-salzig und vollmundig.
Gavi di Gavi, Piemont, Italien

6. **La Serena** – ist einer der bekanntesten Schafsrohmilchkäse Spaniens. Er kommt aus der Estremadura und ist mit einer Ursprungsbezeichnung geschützt. Sein buttriger Teig hat einen vollmundigen Geschmack mit leichten Bitternoten.
Rueda, Kastilien, Spanien (oder Garnacha Blanca aus Terra Alta)

7. **Pecorino sardo** – ist eine Schafskäse-Spezialität aus Sardinien. Der Teig wird oft mit schwarzen Pfefferkörnern versetzt, nach mehrmonatiger Reifung ist er sehr hart und hat einen pikant bis ausgeprägt scharfen Geschmack.
Cannonau di Sardegna, Sardinien, Italien (oder ein Chianti Classico)

8. **Ziegenkäserollen** – aus Frankreich sind inzwischen in den meisten deutschen Käsetheken zu finden. Sie haben einen festen Teig, der zum Rand hin cremig wird. Umschlossen werden sie von einer weißen, festen Edelpilzschicht.
Sauvignon Blanc, Touraine, Frankreich (oder ein Malbec aus Argentinien)

Sonstige Käse

1. **Frischkäse** – gibt es in unendlich vielen Variationen und mit zahllosen Zutaten. In Amerika heißt er Cream Cheese, in Deutschland taucht er vielerorts als mit Zwiebeln und Paprikapulver gewürzter Spundekäs‘ auf.
   Riesling Kabinett trocken, Rheingau, Deutschland (oder ein Grüner Veltliner aus Österreich)

2. **Hüttenkäse** – ist Frischkäse, dessen Masse aus kleinen, weichen Körnchen besteht. Geschmacklich sehr milde, lässt er sich mit süßen wie mit würzigen Zutaten kombinieren.
   Weißburgunder trocken, Pfalz, Deutschland

3. **Mascarpone** – ist ein sahnig-milder Doppelrahmfrischkäse aus Italien. Er ist zwar kompakt, aber dennoch cremig und gut streichfähig; sehr beliebt als Zutat und Grundlage von Desserts. Der begleitende Wein richtet sich nach dem jeweiligen Gericht. Aber pur:
   Gewürztraminer halbtrocken, Pfalz, Deutschland

4. **Mozzarella** – kennt heutzutage jedes Kind. Als Pizza-Belag und Salat-Beigabe ist der manchmal geradezu gummiartige „Brühkäse“ überall zu finden. Er ist extrem mild im Geschmack und eine Spezialität, wenn er aus Büffelmilch hergestellt wird.
   Pinot Bianco, Venetien, Italien

5. **Feta** – ist ein sogenannter Lakekäse, der ursprünglich aus Südosteuropa stammt, aber inzwischen überall beliebt ist und hergestellt wird. Mild bis würzig im Geschmack und bröckelig-fest in der Konsistenz reift er in der Salzlake und ist oft Salat-Beilage.
Malagousia, Makedonien/Thrakien, Griechenland (oder ein Roero Arneis)

6. **Handkäse** – ist auch als Harzer, Quargel oder Korbkäse bekannt. Mit goldgelber Oberfläche oder milchiger Edelschimmelschicht kann er je nach Reifegrad sehr mild bis extrem würzig ausfallen.
Possmann Apfelwein, Frankfurt, Deutschland (oder ein Sauvignon Blanc)

7. **Räucherkäse** – gibt es in vielen Varianten: als italienischen Cacetti, rumänischen Caşcaval oder nordamerikanischen String Cheese. Allen ist gemein, dass sie fest sind und mit wenigen Ausnahmen starke Raucharomen haben.
Riesling halbtrocken, Rheinhessen, Deutschland (oder ein Gewürztraminer)

8. **Käsefondue** – ist eine Schweizer Spezialität, bei der Gruyère oder anderer Käse in einem Topf geschmolzen und mit Weißwein oder Obstler verdünnt wird, so dass die Gäste Weißbrotwürfel an langen Gabeln hineintauchen können.
Fendant, Wallis, Schweiz (oder ein trockener Gutedel aus Deutschland)

Desserts

Frisches Obst

Äpfel, Birnen, Aprikosen, Weintrauben, Erdbeeren, Pfirsiche, Ananas – die Liste der Obstsorten, die frisch aufgeschnitten und nur leicht gezuckert (wenn überhaupt) einen köstlichen Salat ergeben, ist sehr lang. Auch Zitrusfrüchte können diesen erfrischenden Menüabschluss bereichern. Nur eine muss mit Vorsicht genossen werden: die Grapefruit. Denn die ist wegen ihrer bitteren Säure von keinem Wein in den Griff zu bekommen.

Moscato d'Asti, Braida, Piemont, Italien

Auf dem Teller duftet das frische Obst mit mannigfaltigen Aromen, im Glas tut es der Moscato d'Asti. Nichts passt besser zu reifen Früchten als dieser leichte, angenehm moussierende Süßwein aus dem Piemont. Er spiegelt die Aromen von Aprikosen, Trauben, Äpfeln und Birnen wider und hat auch dezente Anklänge von frischen Blumen und Nüssen. Mit nicht einmal sechs Prozent Alkohol wirkt Moscato d'Asti außerdem wunderbar belebend, nicht einschläfernd und macht sich auch erstklassig zu Obstkuchen aller Art. Eine stille, aber nicht uninteressante Möglichkeit zu frischem Obst ist Gelber Muskateller, wenn er restsüß und nicht trocken ausgebaut wird.

Gelber Muskateller feinherb, Kremstal, Österreich

Kaltschalen und Obstsüppchen

Obst in einem anderen Aggregatzustand – das ist das ganze Geheimnis von Kaltschalen und den in besseren Restaurants inzwischen beliebten Obstsüppchen. Meistens werden dafür eine oder mehrere Früchte püriert, mit Sekt aufgegossen und anschließend mit einem Eis oder einer Mousse serviert. Die Frische und Säure dominieren, die Süße bleibt meist im Hintergrund.

Riesling-Sekt Brut, Menger-Krug, Pfalz, Deutschland

Statt eines klassischen, restsüßen oder edelsüßen Dessertweins muss hier ein guter Winzersekt her, der ebenso wie die Nachspeisenkomposition über große Frische und prickelnde Säure verfügt. Sekt vom Riesling eignet sich besonders gut, weil er von Haus aus über deutlich mehr Säure verfügt als Schaumweine aus anderen Trauben. Außerdem vereint er Würze und Schmelz mit typischer Riesling-Frucht, sprich Zitrus, Aprikose, Pfirsich. Aber auch halbtrockener Cava oder Moscato d'Asti kommen in Frage. Die beste stille Alternative ist ein Eiswein, der im Gegensatz zu Beerenauslesen meist über eine ordentliche Säure verfügt. Interessant sind nicht nur jene aus den klassischen weißen Rebsorten wie Riesling, sondern auch die Eisweine aus roten Sorten wie Spätburgunder, Dornfelder oder Blaufränkisch, die meist als Blanc de Noir gekeltert werden. Im Rheingau produziert das Weingut Allendorf sogar einen Merlot-Rosé-Eiswein - ein grandioser Tropfen!

Spätburgunder Eiswein Blanc de Noir, Pfalz, Deutschland

Rote Grütze

Dieser Beerenpotpourri, der manchmal auch in wenig authentischer, grüner Form anzutreffen ist, stammt aus Norddeutschland, möglicherweise sogar aus Skandinavien. Rote Früchte wie Himbeeren, Johannisbeeren, Brombeeren und Kirschen werden mit viel Zucker, rotem Saft und Speisestärke zu einem glibberig-weichen Dessert kombiniert. Vanillesoße oder Vanilleeis sind die unerläßlichen Begleiter.

Grenache Vin Doux Naturel, Domaine Mas Amiel, Roussillon, Frankreich

Zur Roten Grütze muss ein roter Dessertwein auf den Tisch. Wenn überhaupt – denn diese ebenso klassische wie rustikale Nachspeise strotzt dermaßen vor Süße, Fruchtsäure und geleeartigem Schmelz, dass die meisten Tropfen völlig überfordert sind. Einen Versuch wäre Banyuls wert. Dieser rote Likörwein aus dem äußersten Südwesten Frankreichs hat üblicherweise üppige Frucht-, Rosinen- und Dörrobstnoten und deutliche Süße. Der beste Partner aber wären wohl die Weine aus dem nur wenige Kilometer entfernten Mini-Gebiet Maury. Hier wird ein Vin Doux Naturel aus Grenache-Traube gekeltert, der an Fruchtigkeit und reifer Würze kaum zu überbieten ist und die Beerenaromen der Roten Grütze widerspiegelt. Der beste Maury kommt von der weltberühmten Domaine Mas Amiel. Eine spritzige Alternative wäre ein deutscher Rosé-Sekt oder ein Rosé-Cava aus Spanien.

Cava Rosado, Penedés, Spanien

Erdbeeren

Nicht nur in Wimbledon gehört die Erdbeere zum sommerlichen Inventar. Überall in Europa ist die fleischige, rote Frucht, die schon seit dem 16. Jahrhundert kultiviert wird, der Inbegriff der warmen Jahreszeit. Inzwischen gibt es das ganze Jahr über spanische Zuchtware. Am besten schmeckt die mit der Rose verwandte Frucht pur, wenn es sein muss, verträgt sie sich aber auch – wie in Wimbledon – mit geschlagener Sahne, Vanillesoße oder Vanilleeis.

„Les Erables de Caillou" Sauternes, Château Caillou, Bordeaux, Frankreich

Auch ohne Zucker ist die reife Erdbeere eine echte Süßigkeit. Wer ihr einen Wein zur Seite stellen will, der sollte einen vollmundigen, fruchtigen Tropfen von großer Süße wählen. Der Süßwein des Bordelais, der Sauternes, ist ein erstklassiger Partner für die rote Beere. In erster Linie aus der für die gewünschte Edelfäule besonders anfälligen Semillon-Traube gekeltert, sind diese Tropfen von unvergleichlicher, fruchtiger Dichte und Schmelzigkeit und veredeln damit die ohnehin schon aromatische Erdbeere. Auch eine Riesling Beerenauslese passt zur Erdbeere. Eine ganz andere Kombination ist jene mit PX, dem süßesten und konzentriertesten Vertreter der großen Sherry-Familie. Mit extrem intensiven Rosinen-, Karamell- und Mokka-Aromen begegnet er der frischen Fruchtigkeit der Erdbeere und kommt besonders gut zur Geltung, wenn er auf dem Teller auch auf Vanilleeis trifft. Zimmerwarm servieren!

Pedro Ximénez Sherry, Jerez, Spanien

Apfeltarte

Der Apfel ist gewissermaßen die Mutter allen Obstes, das Urobst, das schon im biblischen Paradies eine entscheidende Rolle gespielt hat. Wer ihn geringschätzt, weiß nicht, was er verpasst. In unzähligen Sorten ist er überall in der Welt – außer in den Tropen – verbreitet. Zum Dessert findet er meist im Obstsalat, als Strudel, als Tarte, Kuchen, Tasche oder Pie den Weg auf den Tisch und verbreitet sogar im gegarten Zustand viel angenehme Säure, Süße und Fruchtaromen.

Eitelsbacher Karthäuserhofberg Riesling Auslese, Weingut Karthäuserhof, Mosel, Deutschland

Zum Apfel gibt es nur eins: Riesling. Eine bessere Verbindung lässt sich kaum denken. Mit ihrer frischen Säure, ihrer vielschichtigen Frucht und ihrer feinen Süße spiegeln vor allem milde Tropfen aus dem Rheingau und von der Mosel alle Qualitäten des Apfels perfekt wider und erweitern das Geschmacksspektrum noch um ein paar exotische Noten. Um nicht sauer zu wirken, muss der Wein eine deutliche Süße haben. Die bieten sogar schon manche Spätlesen, Auslesen aber eignen sich wesentlich besser, und auch Beerenauslesen übertönen den Apfel nicht. Auch eine Spät- oder Auslese vom Gewürztraminer präsentiert sich vorbildlich zu allen Apfeldesserts, sie bringt im Gegensatz zum Riesling noch eine ganze Menge mehr exotische Fruchtnoten und Aromen ins Spiel, die mit dem Apfelgeschmack eine harmonische Verbindung eingehen.

Gewürztraminer Spätlese, Pfalz, Deutschland

Panna Cotta

Panna Cotta heißt übersetzt „gekochte Sahne“ – und genau das ist dieses aus Norditalien kommende Dessert aus Sahne, Zucker und Gelatine auch. Meist kommt auch Vanille hinzu, wie bei vielen Nachspeisen auf Sahne-Basis. Klassische Panna Cotta wird mit Früchten oder einer Fruchtsoße serviert und ist deutlich weniger süß als die beiden Varianten, die ihre starke Süße vor allem von der Karamellsoße oder dem gebrannten Zuckerdeckel bekommen.

Vin Santo del Chianti, Castello di Volpaia,Toskana, Italien

Zur norditalienischen Panna Cotta passt natürlich norditalienischer Moscato d'Asti. Aber der perfekte Begleiter kommt aus der Toskana: Mit seiner goldgelben Farbe und seinen intensiven Aromen von Trockenobst, Gewürzen und Honig schmiegt sich der Vin Santo an den schmelzigen Sahnegeschmack der vanilligen Creme und trumpft nicht mit übermäßiger Süße auf. Einen ganz und gar anderen Akkord schlägt fein-fruchtiger Rosenmuskateller mit seinen außergewöhnlichen Noten von Rosenblüten an. Er ist nicht überschwenglich süß und sehr delikat in seinem Aromenspiel. Er passt am besten zur puren Panna Cotta. Wird diese mit Früchten oder Fruchtsoßen serviert, empfehlen sich dagegen Weine mit deutlich mehr Süße: Beerenauslesen vom Riesling oder vom Silvaner oder Süßweine aus der Sémmillon-Traube, wie es sie in vielen Regionen Frankreichs und in Australien gibt.

Rosenmuskateller, Südtirol, Italien

Crème brûlée und Crème Caramel

Die kommt mit einem Deckel aus karamellisiertem Zucker auf den Tisch. Die andere wird aus einem Förmchen gestürzt, die zuvor mit karamellisiertem Zucker ausgegossen wurde. Die eine hat zwar einen französischen Namen, wurde aber angeblich in England erfunden. Die andere klingt ebenso französisch, stammt aber wohl von der iberischen Halbinsel, wo sie auch als Flan bekannt und äußerst beliebt ist. Gemeinsam ist Créme brûlée und Crème Caramel, dass sie intensiv nach Vanille und Karamell schmecken und wegen ihrer Süße einen mindestens ebenso süßen Gegenpart brauchen.

Moscatel, Bodegas Ochoa, Navarra, Spanien

Die Zahl der potentiellen Crème-Begleiter ist erstaunlich groß. Die süßen Franzosen aus dem Sauternes oder aus dem Jurançon, die beide aus edelfaulen Trauben gewonnen werden, können mit intensiver Fruchtaromatik punkten. Aber auch deutsche und österreichische Beerenauslesen haben ähnliche Vorzüge und können sich wegen ihrer fruchtigen Süße Chancen ausrechnen. Am besten passen aber wohl die hocharomatischen, süßen Moscatel-Weine aus Spanien mit ihrem feinen Muskatbukett zu den süßen Crèmes; die besten kommen aus Alicante oder der Navarra. Einen völlig anderen Schwerpunkt bietet süßer Sherry. Mit seinen Rosinen- und Nuss-Aromen passt er hervorragend zum Karamell der beiden Crèmes.

Cream Sherry, Jerez, Spanien

Tiramisu

Die italienische Interpretation der Kalorienbombe hat auch hierzulande inzwischen ihren Platz unter den Nachspeise-Klassikern. Abwechselnde Schichten von mit Espresso getränkten Löffelbiskuits und einer Creme aus Mascarpone, Eigelb und Eischnee machen das Tiramisu zu einem, vor dem Servieren reichlich mit Kakaopulver bestäubten Hochgenuss – der allerdings direkten Niederschlag auf den Hüften findet.

Vin Santo, Castello di Ama, Toskana, Italien

Oft heißt es, das Tiramisu stamme aus der Toskana, tatsächlich aber hat es seine Wurzeln wohl eher in Venetien – als Begleiter im Glas kommt trotzdem in erster Linie ein toskanisches Gewächs in Betracht: Vin Santo wird aus den weißen Rebsorten Trebbiano und Malvasia gekeltert, allerdings erst nachdem die Trauben unter dem Dach des Weingutes aufgehängt oder auf Matten ausgelegt und getrocknet wurden. So entsteht ein sehr intensiver, süßer Wein mit vielschichtigen Aromen von Honig, Gewürzen, Trockenobst und Beeren, der mitunter nicht nur in der Farbe an Sherry erinnert. Zur cremigen Süße und den kräftigen Kaffeenoten des Tiramisu passt er perfekt. Das gilt auch für süßen Sherry. Am besten wählt man einen Cream Sherry oder einen Oloroso Dulce. Wunderbar passt aber auch ein Gläschen Amaretto.

Oloroso Sherry Dulce, Jerez, Spanien

Mousse au Chocolat

Vielleicht ist der französische Schokoladenschaum die am weitesten verbreitete Schokoladennachspeise überhaupt. Allein schon die Auswahl verschiedener Schokoladensorten als Grundlage für die gehaltvolle, aufgeschlagene Sahne- und Eischnee-Masse macht zahlreiche Varianten möglich – ganz zu schweigen von den Möglichkeiten, die andere Zutaten wie Liköre, Brände oder Fruchtaromen bieten.

Tawny Port 10 Years, Taylors, Douro, Portugal

Nicht nur als Mousse, sondern in allen Variationen harmoniert Schokolade sehr gut mit roten Beeren aller Art. Wegen ihrer mehr oder weniger ausgeprägten bitteren Note und der oft starken Süße der anderen Zutaten freut sie sich aber auch über Schmelz, Reife und eine gewisse Würzigkeit. All das bietet Portwein in Vollendung. Aus roten Trauben gekeltert und mit hochprozentigem Alkohol gespritet und je älter er wird (ein Portwein darf gut und gerne 25 bis 30 Jahre lagern), desto stärker wird seine Süße von der fortschreitenden Reife verpackt. Doch was den Engländer begeistert, kann den Franzosen nicht locken. Er trinkt zur Mousse au Chocolat natürlich eigene Gewächse – entweder einen gehaltvollen Sauternes, der mit hellen Fruchtaromen und intensiver Süße punktet, oder einen roten Vin doux naturel aus dem Roussillon, wo in den Appellationen Banyuls und Maury sehr opulente, portähnliche Weine mit viel Schmelz und einer Vielfalt von Aromen – von Trockenobst, Röstkaffee und Pflaumen bis Kakao und Tabak – gekeltert werden. Als fruchtig-süße Alternative aus Deutschland kommen Riesling Beerenauslesen in Frage.

Banyuls, Roussillon, Frankreich

Zabaglione

Der feine Weinschaum ist in Italien eine der beliebtesten „dolce", also Süßspeisen. Klassischerweise wird die auf Grundlage von Eigelb und Zucker bereitete Masse mit sizilianischem Marsalawein verfeinert. In der französischen Küche heißen Schäume dieser Art Sabayon und werden auch mit anderen Weinen, mitunter aber auch Likör aufgeschlagen.

Muscat de Rivesaltes, Château de Jau, Roussillon, Frankreich

Weil er der klassischen Zabaglione als wichtigste Zutat das Aroma verleiht, passt leichter, goldener Marsala natürlich auch als Weinbegleiter bestens zu diesem Dessert. Fast noch besser macht sich allerdings ein Franzose: Muscat de Rivesaltes aus dem südwestlichen Anbaugebiet Roussillon. Schon in der Nase bietet dieser Süßwein eine enorme fruchtige und blumige Vielfalt und präsentiert sich im Mund dann ungeheuer rund und geschmeidig, wirkt dank seiner natürlichen Säure und den deutlichen Zitrustönen aber dennoch frisch und belebend. Auch andere französische Muscats, etwa Muscat de Frontignan aus dem Languedoc oder jene von der südlichen Rhône sind gute Partner für süße Dessertschäume. Wer einen deutschen Tropfen bevorzugt, greift zu einer jungen Auslese vom Riesling, von der Scheurebe oder vom Silvaner, weil sie viel Frische und jugendliche Fruchtigkeit ins Spiel bringen. Eine exotische Alternative kommt aus Chile: eine süße Spätlese von der Sauvignon-Blanc-Traube mit dichten Blüten- und Fruchtaromen und einer ungeahnten Cremigkeit.

Sauvignon Blanc Late Harvest, Valle de Casablanca, Chile

Soufflé

Das Ei ist das Geheimnis des Soufflés. In ein gefettetes Förmchen gefüllt, zeigt der aufgeschlagene Eiweiß-Schnee in der heißen Ofenluft einen famosen Drang nach oben und lässt die luftige Masse kunstvoll aufsteigen. Mit deftigen Zutaten wie Gemüse, Fisch oder Krustentieren verfeinert, ähnelt dieser schwierig zubereitete Mini-Auflauf einer sehr luftigen Terrine. Mit Früchten oder Kakao aromatisiert wird er zum schaumig-süßen Dessert.

Ruster Ausbruch, Weingut Günter Triebaumer, Burgenland, Österreich

Er hat die Winzergemeinde am Neusiedler See berühmt gemacht: Ruster Ausbruch ist ein edelsüßer Dessertwein, der auf eine mehrere Jahrhunderte lange Tradition zurückgeht und seinen Ruf der Grauschimmelfäule verdankt. Diese befällt die Trauben, lässt sie auf Rosinengröße schrumpfen und ermöglicht so die Herstellung dieser außergewöhnlich konzentrierten Weinspezialität. Mit seiner goldgelben Farbe, feinem Frucht- und Honigduft und einem süßen Pfirsich-, Ananas- und Marillengeschmack passt der Ausbruch sehr gut zu süßen Soufflés, denen er mit seiner pikanten Säure auch noch einen Hauch Frische zukommen lässt. Auch ungarischer Tokajer, südafrikanischer Muscat aus dem Western Cape und südfranzösischer Muscat de Frontignan kommen zu diesem Dessert in die engere Wahl. Wunderbar süße und intensiv fruchtige Auslesen und Beerenauslesen liefert allerdings auch die vor allem in Rheinhessen kultivierte Huxelrebe – und das zu erschwinglichen Preisen.

Huxelrebe Beerenauslese, Rheinhessen, Deutschland

Crêpe, Pfannkuchen, Kaiserschmarrn

Was in Deutschland Pfannkuchen und in Österreich Palatschinken heißt und in zerstückelter Form als Kaiserschmarrn bekannt ist, hört in Frankreich – und inzwischen weit darüber hinaus – auf den Namen Crêpe. Die drei wichtigsten Zutaten sind in allen Fällen Eier, Mehl und Milch. Durchaus auch mit herzhafter Füllung ein Genuss, wird der klassische Crêpe aber als Dessert serviert, vorzugsweise mit Vanilleeis oder als flambierter Crêpe Suzette mit überbordendem Orangenaroma.

Sauternes, Carmes de Rieussec, Bordeaux, Frankreich

Bei der Wahl des Partners kommt es nicht auf den Crêpe oder den Pfannkuchen an. Von Bedeutung ist vielmehr, welche Leckerei zusammen mit dem dünnen Eierkuchen serviert wird. Sahne ist nicht sehr süß, Vanilleeis schon - und Honig erst recht. Beim Crêpe Suzette macht sich zum Beispiel Grand Marnier sehr gut, denn dieser Likör dient meist auch als Flambier-Grundlage. Ansonsten sind Sauternes oder Cadillacs aus dem Bordeaux die erste Wahl. Mit ihrer tiefen Süße und ihrem enorm breiten Aromenspektrum stehen sie wie ein Fels in der Brandung. Auch die lieblichen Tropfen aus dem Jurançon an den Ausläufern der Pyrenäen oder die aus Chenin Blanc gekelterten Süßweine von der Loire sind Crêpe-Versteher. Zu weniger süßen Varianten und zum österreichischen Kaiserschmarrn passen aber auch Riesling Beerenauslesen. Aber auch fruchtiger, milder Sekt mit deutlicher Restsüße könnte einen spritzigen Akzent setzen.

Riesling Beerenauslese, Rheingau, Deutschland

Brüsseler Waffeln

Die aus einem weichen Eierteig mit reichlich Butter gemachten Waffeln sind in Belgien seit dem 19. Jahrhundert eine Spezialität und längst auch anderswo beliebt. Das heiße Waffeleisen, in dem die dicke Masse goldbraun gebacken wird, hinterlässt ein tiefes Muster in den „Gaufres", wie die Waffeln auf Französisch genannt werden. Das fertige Gebäck wird dann mit Puderzucker, Schokolade, Sirup, Butter, Sahne oder Honig bestreut oder übergossen und mit Erdbeeren, Bananen oder Vanilleeis serviert.

Kourtaki Samos Muscat, Kourtakis Wine Cellars, Samos, Griechenland

Die süßen, buttrigen Waffeln verlangen nach einer ebenso süßen und gehaltvollen Begleitung. Gemäßigt süße Tropfen würden zusammen mit diesem Dessert schnell sauer schmecken, darum kommen kraftvolle Süßweine in die engere Wahl: die französischen Klassiker Sauternes und Jurançon zum Beispiel. Mindestens ebenso gut passen die berühmten Likörweine von der griechischen Insel Samos. Der Muscat von Kourtakis, einem der größten Weinproduzenten in Hellas, zum Beispiel strahlt goldgelb und zeigt süße Noten von Muskatellertrauben, eine cremige Textur und einen langen, kräftigen Nachhall. Eine Besonderheit unter den Süßweinen ist auch der ungarische Tokaji Aszú, der seit Jahrhunderten von Weinkennern als Kostbarkeit geschätzt wird. Der Wein wird ausschließlich im Anbaugebiet rund um die alte Stadt Tokaj gekeltert und ist bekannt für seinen Duft von kandierten, gelben Früchten, Honig und Blüten und seinen vielschichtigen, komplexen Geschmack.

Tokaji Aszú, Tokaj-Hegyalja, Ungarn

Panettone und anderes Gebäck

Er soll das Werk eines verliebten Mailänder Bäckers gewesen sein, kommt heute aber in ganz Italien auf den Tisch, vor allem zur Weihnachtszeit und zu Ostern. Der in Zylinderform gebackene Hefekuchen wird traditionell mit kandierten Früchten und Rosinen angereichert und verlangt wie der deutsche Christstollen und viele andere Gebäckvarianten schon allein wegen seiner nicht zu leugnenden Trockenheit nach flüssigen Begleitern.

Moscato d'Asti, Elio Filippino, Piemont, Italien

In der Silvesternacht spülen die Italiener ihren Panettone mit Spumante herunter, ansonsten harmoniert diese Hefekuchen-Spezialität ebenso wie anderes Gebäck dieser Art am besten mit einem Süßwein. Eine zumindest noch leicht prickelnde Alternative zum Schaumwein ist Moscato d'Asti: Strohgelb, sehr aromatisch und mit nur fünf bis sechs Prozent Alkohol duftet und schmeckt dieser Piemonteser Tropfen nach Aprikosen, Ananas und Orangen, zeigt aber auch deutliche Mandeltöne, die sehr gut zum Kuchen passen. Ebenfalls eine gute, nicht ganz so fruchtig-süße, dafür aber umso würzigere Möglichkeit ist Vin Santo aus der Toskana, und auch Cream Sherry mit seinen nussigen Noten kommt sehr gut mit Gebäck zurecht. Für Gebäck mit etwa mehr Süße und weniger luftigem Teig bieten sich – ganz klassisch – aber auch Riesling Auslesen an. Sie glänzen mit fruchtiger Süße, einer belebenden Säure und typischen Fruchtaromen.

Riesling Auslese, Mosel, Deutschland

Eis und Parfait

Gefrorenes oder Halbgefrorenes sind für den Gaumen eine willkommene Erfrischung, vor allem nach einem mehrgängigen Menü mit vielen Aromen und Geschmackseindrücken. Bei der Eiscreme ist Sahne die Grundlage, beim sogenannten ,Wassereis süßer Fruchtsaft. Angeblich in China erfunden, gibt es den kalten Genuss heute in unendlich vielen Formen und vor allem Geschmacksrichtungen, in der Molekularküche sogar in heißer Form.

Cuesta Pedro Ximénez Sherry, Bodegas José de la Cuesta, Jerez, Spanien

Eis ist wegen seiner Kälte ein schwieriger Partner für jeden Wein – sie betäubt die Geschmacksnerven und macht es jedem Tropfen schwer, sich zu entfalten. Am besten kommen damit sehr süße Kameraden zurecht. Vor allem zu sahnigen Eiskreationen ist PX Sherry ein robuster und noch dazu ausgesprochen süßer Begleiter, der sich auch von extrem fruchtigem oder süßem Geschmack nicht unterbuttern lässt. In Spanien wird dieser intensiv nach Rosinen, Datteln, Nüssen und Karamell duftende Wein sogar als ölige Soße über Vanilleeis gegossen, aber auch im Glas weiß er zu begeistern. Sekt punktet beim Eis nicht mit Süße, sondern mit prickelnder Frische. Ganz trocken sollte der Schaumwein allerdings nicht sein, „Brut" sollte auf dem Etikett stehen.

Riesling Sekt Brut, Rheinhessen, Deutschland

Petit Four

Klein, süß und eine Augenweide für jeden Tisch – die französische Patisserie kennt die „kleinen Backofen“ schon seit mehr als 200 Jahren, heute fehlt das kunstvoll verzierte Kleingebäck an keiner exklusiven Tafel mehr. Zum Kaffee gereicht, bilden die glasierten oder trockenen Petit Fours oft den krönenden Abschluss eines Menüs. Grundlage sind Mini-Biskuits oder kleinste Blätterteigstücke, die mit Creme oder Marzipan gefüllt und häufig mit einer Schokoladenschicht umhüllt und dann garniert werden.

Trockenbeerenauslese, Weingut Kracher, Burgenland, Österreich

Die überwältigende Süße und Intensität dieser kleinen Patisserie-Kunstwerke lässt sich nur von einem ebenso konzentrierten und süßen Partner beeindrucken. Es muss schon eine Beeren-, eigentlich aber eine Trockenbeerenauslese sein. Und kaum jemand beherrschte die Kunst, aus eingetrockneten Trauben ein Elixier für die Götter zu machen, wie der inzwischen verstorbene Österreicher Alois Kracher. Weltberühmt haben ihn seine Süßwein-Kreationen vom Neusiedler See gemacht. Inzwischen führt Sohn Gerhard den „Weinlaubenhof“ und kreiert Cuvées voller Schmelz, feiner Süße und einer unglaublichen Aromenfülle. Auch deutsche Trockenbeerenauslesen haben diese Qualität, vor allem wenn sie aus Riesling, der Huxelrebe oder Ruländer, sprich Grauburgunder, gekeltert wurden. Eine leichtere Wahl zu Petit Four wäre Moscato d'Asti, wegen der oft und üppig verwendeten Schokolade aber auch Ruby Port.

Ruby Port, Douro, Portugal

Und sonst

Frühstück

In den meisten Hotels gehört die Flasche Sekt oder Champagner längst zum Frühstücksstandard. Manchmal stehen die Flaschen zur Selbstbedienung in einem großen Kühler am Buffet, manchmal bringt der Oberkellner das überteuerte Gläschen direkt an den Tisch. Auf jeden Fall ist Vorsicht angebracht. Denn Alkohol am Morgen ist durchaus problematisch, vor allem auf nüchternen Magen. Ein bisschen zuviel, und der ganze Tag ist im Eimer.

Rheingau Riesling-Sekt Brut, Sektmanufaktur Schloss Vaux, Rheingau, Deutschland

Zum Frühstück sollte – wenn überhaupt – ein belebender Tropfen ins Glas. Keine großen Gewächse, sondern leichte, frische Stimmungsaufheller. Eigentlich sind dafür nur Sekt und andere Schaumweine geeignet. Denn abgesehen vom Prickelfaktor haben sie den großen Vorteil, dass sie auch mit den zum Tagesauftakt häufig servierten Eierspeisen ganz anständig umgehen können, mit einem Spiegelei eher schlecht als recht, mit Rührei oder Omelette schon eher. Am besten macht sich spritziger Riesling-Sekt aus dem Rheingau mit seinen Aromen von Aprikose, Pfirsich und Zitrus, feiner Perlage und elegantem Säurespiel. Aber auch Champagner bietet zum Abschluss des Frühstücks einen spritzigen Start in den Tag, genau wie die fabelhaften Spumantes aus der Franciacorta, einem kleinen Anbaugebiet edler Schaumweine in der Lombardei. Im Hochsommer macht sich schließlich auch ein kühles Weizenbier mit seinem cremigen Bananenaroma sehr gut. Aber wie gesagt: Vorsicht!

Champagner Brut, Champagne, Frankreich

Franciacorta Brut, Lombardei, Italien

Erdinger Weißbier, Erding, Deutschland

Terrasse

Ein sonniger Nachmittag auf der Terrasse, auf dem Balkon oder im Garten wird durch ein Gläschen Wein noch entspannter. Allerdings sollte der Tropfen auf jeden Fall leicht und erfrischend sein. Schwere, gehaltvolle Weine – rote womöglich – können, an einem warmen Sommertag genossen, schnell zu großer Müdigkeit und Kopfschmerzen führen.

Roero Arneis, Monchiero Carbone, Piemont, Italien

Vor 30 Jahren fast in Vergessenheit geraten, ist die alte Rebsorte Arneis derzeit in Italien wieder sehr populär. Im Roero im nördlichen Piemont hat man für diese heimische Spezialität inzwischen sogar eine eigene Ursprungsbezeichnung geschaffen. Feiner Duft von Kräutern, Gras, Blüten und hellen Früchten wie Apfel und Birne zeichnet diese leichten Weine aus; am Gaumen zeigt er sich lebendig und lang. Ebenso in Frage kommen junger Sauvignon Blanc aus Neuseeland, knackiger Verdejo aus Spanien, junger, halbtrockener Silvaner oder sogar restsüßer Mosel-Riesling mit seiner vollen Frucht, seiner enormen Frische und seinem geringen Alkoholgehalt können belebend und erfrischend wirken - wenn man sie nicht über die Maßen zu sich nimmt. Eine noch süßere Möglichkeit, den Nachmittag auf der Terrasse aufzuwerten, ist Moscato d'Asti. Dieser sehr aromatische, fein perlende, sehr leichte Süßwein aus dem Piemont hat den enormen Vorteil, dass man ihn auch zu süßen Speisen trinken kann, etwa zur Apfeltarte oder zum Erdbeerkuchen.

- Verdejo, Rueda, Kastilien, Spanien
- Riesling Kabinett restsüß, Mosel, Deutschland
- Moscato d'Asti, Piemont, Italien

Picknick

Eine Decke, einen Korb voller Leckereien und eine Flasche Wein: Viel mehr braucht man für ein schönes Picknick nicht. Für feine Weine ist das allerdings nicht der richtige Anlass. Vor allem wenn es richtig heiß ist, verflüchtigen sich die Aromen eines guten Tropfen im Handumdrehen. Und anders als beim Grillen kommen beim Picknick meistens kalte, leichtere Speisen auf die Decke. Und das ruft nach leichten, frischen Weißweinen.

Rueda „Camino del Puerto", François Lurton, Rueda, Spanien

Schon im Glas sind die Weine aus dem spanischen Rueda-Gebiet eine sommerliche Freude: helles Strohgelb mit goldenen Reflexen schimmert im Sonnenlicht. Der Duft ist frisch und voller Aromen von Zitrone und tropischen Früchten. Und am Gaumen schließlich zeigt sich der Wein reif und saftig. Ebenso unkomplizierten, spritzigen Genuss bietet auch ein junger Riesling, der neben seinen fruchtigen Noten vor allem mit einer sehr lebendigen Säure punkten kann, die für einen anregenden Nachmittag im Freien wie geschaffen ist und auch gut zu deftigen Happen passt. Voller Frucht und sommerlicher Frische stecken auch Rosé-Weine, vor allem jene aus Spanien und der südfranzösischen Provence. Am Gaumen eher zurückhaltend, fast neutral – aber dafür leicht moussierend, süffig und nur mit geringem Alkoholgehalt ausgestattet sind die weißen Weine aus dem portugiesischen Vinho Verde. Perfekt zum Picknick!

Riesling Classic, Rheinhessen, Deutschland

Rosé Côtes de Provence, Provence, Frankreich

Vinho Verde, Minho, Portugal

Grillen

Braai am Kap, Barbecue in Texas und Asado in der Pampa – in den drei großen Grillnationen Südafrika, Amerika und Argentinien geht nichts über ein paar schöne, über offenem Feuer geröstete Stücke Fleisch. Aber auch hierzulande wird in der warmen Jahreszeit gegrillt, was die Holzkohle hergibt. Kaltes Bier ist dabei der beliebteste Begleiter – Wein etwas kultivierter und geschmacklich deutlich interessanter.

Pinotage, Kaapzicht Estate, Stellenbosch, Südafrika

Wer das saftige Steak vom Grill nicht nur runterspülen, sondern mit einem charaktervollen Partner genießen will, der sollte Rotwein zum Grillen trinken. Mit ihrer – im Vergleich zu Weißweinen – robusten Struktur und den beerigen Fruchtnoten können sie auch mit intensiven Röstaromen umgehen und verschiedene Fleisch- und Wurstsorten begleiten. Was immer geht, ist ein Barbera aus dem Piemont mit seiner fruchtigen Süffigkeit und Frische. Besser zu gegrilltem Fleisch aber machen sich Weine aus den drei Rebsorten der drei großen Grillnationen: südafrikanischer Pinotage, amerikanischer Zinfandel und argentinischer Malbec. Sie alle vereinen tiefe Fruchtaromen von Kirschen und Waldbeeren mit sehr würzigen, oft leicht pfeffrigen Noten, die ideal zum typischen Grillgeschmack passen. Wenn es unbedingt ein Weißer sein soll und möglicherweise vor allem Gemüse, Fisch oder Meeresfrüchte auf den Grill kommen, dann ist knackig frischer, ebenfalls würziger Vermentino die erste Wahl.

- Zinfandel, Kalifornien, Vereinigte Staaten
- Malbec, Mendoza, Argentinien
- Vermentino di Sardegna, Sardinien, Italien

Unterhaltung

Ein großer Tisch, ein paar gute Freunde und ein schöner Rotwein – man braucht nicht viel für einen fröhlichen, ungezwungenen und unterhaltsamen Abend. Und damit das Gespräch und nicht der Wein im Vordergrund steht, sollte man es seinen Gästen nicht zu schwer machen. Komplizierte, verschlossene und nicht auf den ersten Schluck zugängliche Tropfen sind etwas für Kenner, aber nichts für ein paar nette Stunden mit Freunden und Bekannten.

„Ursprung", Markus Schneider, Pfalz, Deutschland

Es gibt Weine, die Weinliebhaber ebenso ansprechen wie absolute Laien. Tropfen, die mit ihrer unkomplizierten und süffigen Art einen ganzen Abend begleiten können, ohne ihn zu dominieren. Markus Schneider aus der Pfalz hat einen solchen Wein kreiert: Sein „Ursprung" ist eine Cuvée aus Cabernet Sauvignon, Merlot, Portugieser und Cabernet Mitos und verbindet so die Charakteristika internationaler und deutscher Weine. Er präsentiert ausladende rote und dunkle Beerenfrüchte sowie herrliche Aromen von Schokolade und Kräutern und ist dabei wunderbar zugänglich und auch als junger Tropfen schon gut trinkbar. Ebenso „massentauglich" ist der ebenso geschmeidige wie robuste „Fabelhaft" vom Douro-Winzer Dirk Niepoort. Und auch an Rioja-Weinen mit ihrer deutlichen Frucht und ihren weichen Würzaromen scheiden sich die Geister nur selten – was übrigens auch für die meisten Barbera aus dem Piemont gilt, die sich durch Zugänglichkeit und eine schöne Harmonie auszeichnen. Schließlich kommt für einen Abend mit Freunden immer auch ein anständiger Bordeaux in Frage.

- Rioja Reserva, Rioja, Spanien
- Barbera d'Alba, Piemont, Italien
- Haut-Médoc Cru Bourgeois, Bordeaux, Frankreich

Entspannung

Es sollte nicht zur Gewohnheit werden – aber nach einem langen Tag kann ein Glas Wein sehr entspannend wirken. Dazu ein bequemer Sessel, ein gutes Buch, vielleicht ein bisschen Musik: So lassen sich die Anstrengungen und Aufregungen des Alltages schnell vergessen. Vor allem Rotwein kann in solchen Momenten eine geradezu meditative Wirkung entfalten.

„Les Terrasses", Alvaro Palacios, Priorat, Spanien

Keine Experimente! Für entspannte Momente am Abend sollten Sie sich nicht auf langatmiges Kennenlernen einlassen: Trinken Sie Ihren Lieblingswein, einen Tropfen, von dem Sie wissen, dass sie sich mit ihm bestens verstehen. Einen vollmundigen, möglicherweise schon ein wenig gereiften Spätburgunder mit fruchtig-würziger Komplexität zum Beispiel. Oder Ihren favorisierten Bordeaux. Nicht zu ausufernd im Alkohol wie so mancher Rotwein aus Übersee verdrängen solche Tropfen nicht das Bewußtsein, sie erweitern es eher. Wunderbare, nicht zu offensiv auftrumpfende Partner für ein paar ruhige Stunden sind auch die Weine aus dem Priorat. Meist auf der Grundlage von Garnacha kreiert, sind die Tropfen dieses kleinen spanischen Anbaugebietes kraftvoll und filigran zugleich, sie haben elegante Fruchtaromen von Kirsche und Brombeere und feine Würznoten von Mokka und Unterholz. Alvaro Palacios' „Les Terrasses" ist nicht der Günstigste, aber vielleicht der Beste. Oder doch ein Weißer? Die meisten Weinliebhaber setzen heutzutage leider ausschließlich auf trockene Tropfen. Dabei kann eine milde Riesling Spätlese von der Mosel oder aus dem Rheingau ein unschlagbar schmeichelnder Partner für einen entspannten Abend daheim sein.

- Spätburgunder Auslese trocken, Ahr, Deutschland
- Haut-Médoc Grand Cru, Bordeaux, Frankreich
- Riesling Spätlese, Mosel, Deutschland

Romantik

„Wein macht die Herzen bereit und öffnet sie den Liebesgluten“ – das wusste schon der römische Dichter Ovid in der Zeit um Christi Geburt. Und tatsächlich kann ein Glas Wein – oder vielleicht zwei – wahre Wunder in Sachen Stimmung, Aufgeschlossenheit und Kontaktfreude wirken. Für romantische Stunden ist feiner Rebensaft der ideale Begleiter.

Champagner Brut Rosé, Billecart-Salmon, Champagne, Frankreich

Nichts ist so anregend wie ein Glas Rosé-Champagner. Und keiner ist so gut wie jener aus dem Hause Billecart-Salmon. Er hat dieses traditionsreiche Familienunternehmen berühmt gemacht. Im Glas sieht er mit seiner rosa-goldenen Farbe und der feinen Perlage nicht nur spektakulär aus, er hat vor allem einen verführerischen Duft nach roten Früchten und zeigt im Mund ein sensationelles, vollmundiges Finale. Mit diesem Tropfen kann man eine ganze Nacht verbringen. Nicht ganz so exklusiv, aber auch an- und vielleicht sogar erregend präsentiert sich Riesling-Sekt. Spritzig und prickelnd belebt er die Sinne und beflügelt die Phantasie. Ohne Perlen, aber mit ebenso viel fruchtiger Frische und Rasse präsentiert sich mancher Rosé – jener vom Château d'Esclans trägt dazu sogar noch einen verführerischen Namen: Whispering Angel. Eher für kalte Herbst- und Winterabende ist Amarone geeignet. Dieser rote Tropfen aus dem Valpolicella-Gebiet ist legendär für seine fast wollüstige, beerige Großzügigkeit und weiche Wärme – ein Füllhorn schmeichelnder Frucht und Fülle. Aber Vorsicht: Zuviel Alkohol macht müde!

Riesling-Sekt Brut, Rheingau, Deutschland

Rosé Côtes de Provence, Provence, Frankreich

Amarone, Valpolicella, Italien

Tabak

Eigentlich gehört Tabak – oder besser: sein Rauch – zu den großen Feinden des Weins. Er beeinträchtigt nämlich gleich zwei für den Genuss von feinen Tropfen wichtige Sinne, den Geruch und den Geschmack. Allerdings gibt es eine Ausnahme: die Zigarre. Sie gilt ebenso wie Wein als kultiviertes Genussmittel und wird oft mit einem großen Roten kombiniert.

Barolo Vigna dei Pola, Cantine Ascheri Giacomo, Piemont, Italien

Auch für einen Wein von Format sind Zigarren eine gewaltige Herausforderung – schmalbrüstige, feinsinnige Vertreter haben nicht die geringste Chance gegen den intensiven würzig-rauchigen Duft und den oft deutlich bitteren Nachklang der braunen Tabakrollen. Viel Kraft, Gehalt und Frucht sowie gegebenenfalls auch eine gewisse Süße qualifizieren einen Tropfen zum Zigarren-Begleiter. Sehr gut passen Barolo und Barbaresco aus der piemonteser Nebbiolo-Traube – und besonders gut eignen sich moderne Vertreter, die in Barrique gereift sind und neben den üblichen Leder- und Teeraromen auch deutliche Holztöne aufweisen. Auch andere große, in Barrique ausgebaute Rotweine kommen in Frage. Geschätzt werden zur Zigarre aber vor allem Sherry, Port und Madeira. Einmal, weil sie in Duft und Geschmack (Gewürzen, Zedernholz und Karamell) Harmonie versprechen und zweitens weil sie mit ihrer cremigen Süße die Bitterkeit des Rauches ausgleichen können. Die vielleicht beste Kombination aber bieten immer noch große Cognacs und spanische Brandys aus der Sherry-Stadt Jerez in Andalusien.

Oloroso Sherry, Andalusien, Spanien

Vintage Port, Douro, Portugal

Brandy „Cardenal Mendoza" Solera Gran Reserva, Sanchez Romate, Jerez, Spanien

Einkaufsquellen

Das Internet hat den Einkauf von Wein revolutioniert. Das Angebot ist riesengroß und die Bestellung kinderleicht. Jeder Winzer betreibt inzwischen eine eigene Homepage, kein Weinhändler kommt mehr ohne Online-Vertrieb aus, und auch die großen Versender setzen auf das Netz statt auf Kataloge. In der folgenden Liste finden sich gut sortierte, zum Teil auf bestimmte Regionen oder Länder spezialisierte Händler und Versender sowie die größten Weinhandelsketten in Deutschland und ihre Internet-Adressen.

Fachhändler und Versender

Alpina, Buchloe, www.alpinawein.de

Andronaco, Hamburg, www.andronaco.de (Italien)

Bacchus-Vinothek, Rottweil, www.bacchus-vinothek.com (Schwerpunkt Bordeaux)

BASF-Keller, Ludwigshafen, www.wirtschaftsbetriebe.basf.de

Bayer Weinkeller, Leverkusen, www.bayer-gastronomie.de

Bremer, Göttingen, www.weinhandlung-bremer.de (Europa, vor allem Deutschland und Frankreich)

Brogsitter, Grafschaft-Gelsdorf, www.brogsitter.de

California Wines, München, www.californiawines.de (Kalifornien)

Ebrosia, Delitzsch, www.ebrosia.de

Frankfurt/Wein, Frankfurt am Main, www.frankfurt-wein.com (Deutschland, Frankreich, Italien)

Frick-Wein, Duchroth, www.frick-wein.de

Garibaldi, München, www.garibaldi.de (Italien)

Genussreich Weinversand, Karlsruhe, www.genussreich.de

Gute Weine Lobenberg, Bremen, www.gute-weine.de (Schwerpunkte Frankreich und Deutschland)

Georg Hack – Haus der guten Weine, Meersburg, www.georg-hack.com

Hawesko – Hanseatisches Wein- und Sekt- Kontor, Tornesch, www.hawesko.de

Kölner Weinkeller, Köln, www.koelner-weinkeller.de

K & U – Die Weinhalle, Nürnberg, www.weinhalle.de

La Tienda, Mönchengladbach, www.la-tienda.de

Reblaus – Das Weinkontor, Magdeburg, www.reblaus-weinkontor.de

Ronaldi, Bönningstedt, www.ronaldi.de (Italien)

Schachner, Westerland/Sylt, www.weinsylt.de

Silkes Weinkeller, Velbert, www.internetoase.de (Schwerpunkt Spanien)

Carl Tesdorpf, Lübeck, www.tesdorpf.de

VIF Weinhandel-Zentrale, Völklingen, www.vif.de

Villa Vinum, Mainz, www.villavinum.de

Vinery, Bochum, www.vinery-arndt.de

Vinexus, Langgöns, www.vinexus.de

Vinisüd, Erlangen, www.vinisud.de
Wein-Bastion, Ulm, www.wein-bastion.de
Wein & Glas, Berlin, www.weinundglas.com
Weinhandel Sansibar, Rantum/Sylt, www.sansibar.de
Weinhandlung Kreis, Stuttgart, www.wein-kreis.de
Weinland Waterfront, Hamburg, www.weinlandhamburg.de (Schwerpunkt Italien)
Wein & Mehr, Regensburg, www.wein-und-mehr.de
Wein-Refugium, Heidelberg, www.weinrefugium.de
Wein & Vinos, Berlin, www.vinos.de
Weinzeche, Essen, www.weinzeche.de
Weisbrod & Bath, Pirmasens, www.ps-wein.de
Winery, Heilbronn, www.winery-heilbronn.de
World of Wine, München, www.world-of-wine.de

Handelsketten

Jacques' Weindepot, www.jacques.de
Karstadt, www.karstadt.de
Kaufhof, www.galeria-kaufhof.de
Mövenpick Wein, www.moevenpick-wein.de
Vino Weinmarkt, www.vino24.de

Register Speisen

Register Weine

Trockene Weißweine

Trockene Rotweine

Trockene Rosé-Weine

Schaumweine

Halbtrockene und süße Weine

Gespritete Weine

Sonstige Getränke

Bildnachweis

Seite 10 K.-U. Häßler - Fotolia.com
Seite 14/15 Günter Menzl - Fotolia.com
Seite 19 babimu - Fotolia.com
Seite 20 PhotographyByMK - Fotolia.com
Seite 29 Marius Graf - Fotolia.com
Seite 30 Anna Kucherova - Fotolia.com
Seite 31 jeanete_ehab - Fotolia.com
Seite 35 nito - Fotolia.com
Seite 36 Schlierner - Fotolia.com, atoss - Fotolia.com
Seite 37 A_Bruno - Fotolia.com
Seite 38/39 Corinna Gissemann - Fotolia.com
Seite 50/51 Nitr - Fotolia.com
Seite 62/63 M.studio - Fotolia.com
Seite 86/87 bit24 - Fotolia.com
Seite 104/105 Subbotina Anna - Fotolia.com
Seite 120/121 B. and E. Dudzinscy - Fotolia.com
Seite 136/137 Tim UR - Fotolia.com
Seite 152/153 photocrew - Fotolia.com
Seite 170/171 emmi - Fotolia.com
Seite 196/197 Svenja98 - Fotolia.com
Seite 208/209 photocrew - Fotolia.com
Seite 226/227 Corinna Gissemann - Fotolia.com
Seite 244/245 Visions-AD - Fotolia.com
Seite 255 Zerbor - Fotolia.com

Der Autor

Peter Badenhop wurde 1964 geboren. Nach dem Abitur absolvierte er in Hamburg eine Banklehre und studierte in Saarbrücken Betriebswirtschaftslehre sowie Politik und Geschichte an der University of London. 1993 begann er ein Volontariat beim Deutschen Fachverlag in Frankfurt. Seit 1996 ist er Redakteur beim Rhein-Main-Teil der F.A.Z., dort und für die Sonntagszeitung der F.A.Z. kümmert er sich unter anderem um kulinarische Themen. Er hat drei Gastro-Führer und zwei Bücher zum Thema Wein geschrieben. Er wohnt mit seiner Frau und zwei Kindern in Wiesbaden.